AF711488

Viajeros de Bordón por el Camino Primitivo

La aventura peregrina de dos hermanos

Víctor Guerra

Viajeros de Bordón por el Camino Primitivo

La aventura peregrina de dos hermanos

| Diario del Viaje |

ENSAYÍSTICA
pensamiento&acción

Viajeros de Bordón por el Camino Primitivo:
La aventura peregrina de dos hermanos

VÍCTOR GUERRA

Editorial Sapere Aude
www.editorialsapereaude.com

Colección «Ensayística»

© 2024 Víctor Guerra
© 2024 Editorial Sapere Aude

EntreAcacias, S.L.
[Sociedad editora]
Covadonga, 8
33002 Oviedo-Asturias (España)
info@editorialsapereaude.com
pedidos@editorialsapereaude.com

1ª edición: febrero, 2024

ISBN: 978-84-19343-79-6
Depósito Legal: AS 00176-2024

Impreso en España/*Printed in Spain*
Impreso por Podiprint

Todos los derechos reservados.

Cualquier forma de reproducción, distribución, comunicación pública o transformación de esta obra solo puede ser realizada con la autorización de sus titulares, salvo excepción prevista por la ley. Diríjase a CEDRO (Centro Español de Derechos Reprográficos, www.cedro.org) si necesita fotocopiar o escanear algún fragmento de esta obra.

«Mi intención es más bien hablar acerca de ese caminar consentido
Que se hace con placer en el corazón, ese que invita al encuentro,
A la conversación, al disfrute del tiempo, a la libertad de detenerse
o de continuar el camino».

David Le Breton

«Sentados al borde del camino hemos curado juntos nuestras heridas
y hemos compartido las peripecias de nuestro caminar.
Ahora solo tengo su recuerdo y la esperanza del reencuentro.
En las arrugas de su frente y en el polvo de sus sandalias he visto
Mi propia vida, las cicatrices de una condición errante que nos iguala
y nos permite descubrir cuán de distintos somos».

Marcelino Agis

«Cuando escribo un libro que es pura invención, siento un anhelo de escribir de un modo que trate directamente la vida cotidiana, mis actividades e ideas. En ese momento, el libro que me gustaría escribir no es el que estoy escribiendo. Por otra parte, cuando estoy escribiendo algo muy autobiográfico. Ligado a las particularidades de la vida cotidiana, mi deseo va en dirección opuesta. El libro se convierte en uno de invención, sin relación aparente conmigo mismo y, tal vez por esa misma razón, más sincero».

Ítalo Calvino

PRÓLOGO

Estimado lector o lectora, agradecerte te hayas parado en este breve prólogo previo a la lectura de este libro de Víctor Guerra. Si buscas una guía usual del camino primitivo este no es tu libro, pero si buscas un camino diferente, donde el paisaje y el paisanaje son protagonistas, este libro te va a deleitar sin lugar a dudas.

Víctor es una de las personas que más sabe, por no decir el que más, por si luego se me enfada y consideráis que hablo desde la amistad, de caminos, senderos, veredas, rutas jacobeas o salvadoreñas y muchas más que incluso se perdieron en las tinieblas del discurrir del tiempo en los confines de Asturias y más allá de nuestros límites territoriales. No encontrarás en las próximas páginas las típicas y tópicas descripciones de por dónde va el camino con flechas por doquier cuán GPS marcado en el papel, encontrarás al verdadero peregrino del bordón, más allá de las cuestiones miríficas del camino. El propio autor lo reitera constantemente, el camino es uno mismo y 'sus propias circunstancias', y eso se capta en cada párrafo.

Si eres un peregrino o simplemente te apasiona el mundo de la camineria o incluso te dispones o tienes entre tus objetivos personales iniciar el camino primitivo, ese que según la tradición forjó el rey Casto Alfonso II desde el santuario de Ovetdao hasta la hermosa Santiago de Compostela en los albores del siglo IX, tienes en tus manos un camino muy personal porque Víctor conoce el terruño y en cada momento de la lectura eso se percibe, y no va ensimismado en el discurrir de los kilómetros o en hacer muchos al día, va observando y apuntando en cuaderno de bitácora, a modo de diario ilustrado aquello que ve, los paisajes sublimes que se topa, los elementos monumentales del camino, y por supuesto las personas, y esto, a mí modo de ver, es clave en el libro. Las gentes del camino, los peregrinos que se encuentra, aquellas gentes que viven del camino o los que residen y conviven al lado del camino… 'el sendero sin sus gentes variopintas no sería camino'.

Víctor plasma con gran tono humorístico en muchos casos y mucho talento siempre, todo lo que realmente acontece en un recorrido como este, los madrugones, los problemas que surgen, los cambios de humor, lo real y auténtico del camino. Y ocupa un lugar muy especial y a mi me resulta muy atractivo el modo en el que Víctor camina con otra persona, como se va encontrando y relacionándose con otros peregrinos, gentes en muchos casos que ve un día o un rato para no volverse a encontrar, ese viaje interior que rezuma de sus palabras. También es muy destacable ese peregrino que no se ciñe a las tradiciones al llegar a Santiago, que no tiene que besar el suelo o abrazar al apóstol, él que ha llegado a la ciudad gallega muchas veces pero que otras no tiene ni siente la obligación de llegar porque sus objetivos son otros y no son los que vemos en muchos libros sobre este asunto, lo dicho, el camino es él y sus circunstancias.

Lo narra por etapas y lucen con esplendor sus bastos conocimientos del camino y sus atajos, sus albergues y sus anécdotas, porque el texto es un anecdotario donde el arte, la historia, el mito y la leyenda brillan en su transitar. Ermitas con mucha historia, etnografía por doquier, hasta algún cuélebre asoma por ahí, en el discurrir de las páginas.

Didáctico, sincero y divertido es el libro que os disponéis a leer, de un gran sabio como es Víctor Guerra y que tiene la capacidad de redactar de un modo cercano un recorrido de este calado e importancia.

Disfrutadlo igual que yo lo he podido hacer y buen camino vital a todos.

VIATOR HORAM ASPICE ET ABI VIAM TUAN

(Caminante, mira la hora y sigue tu camino)

Pablo Vázquez
Director del programa de radio *Un buen día para viajar* (RPA)

INTRODUCCIÓN

Este relato, querido peregrino, no busca la grandilocuencia de la literatura odopérica tan común entre algunos autores, que nos ofrecen descripciones fantásticas mediando en su quehacer la mística jacobea, o aquellos otros que nos cantan y ensalzan las *grupetas* de colegas caminantes en busca de un mítico Santiago más soñado que real. No, aquí simplemente te encontrarás con un relato extraído del clásico cuaderno de bitácora, que todo experimentado peregrino creo que lleva consigo, yo al menos ya curtido en mil batallas, y por diversas circunstancias que concurren en los viajes suelo llevar conmigo, como sempiterno acompañante un cuaderno, aunque en esta ocasión al viaje hube de sumar otro compañero, ya que vino conmigo mi hermano de sangre, el famoso Maki.

Lo cierto es que nunca había estado tanto tiempo con mi hermano, más allá de habitar en la misma casa como hermanos que somos. Pero estar inmersos en circunstancias tan significativas como las que arroja el hecho de transitar por los Caminos de Santiago, ya es otro cantar. Aunque este ya es el tercer Camino que hacemos juntos, y pese a ello, no deja de ser cada vez que lo hacemos un descubrimiento para ambos.

Los periplos jacobeos que emprendimos en amor y compañía, fueron tres. El primero fue el *Camino de las Reliquias*, para lo que atravesamos toda Asturias, de Norte a Sur, y conectar con los Cordeles y Cañadas de la trashumancia de Babia a Omaña. Ellos nos permitieron adentrarnos en este territorio un tanto desconocido, para nosotros en ese momento, y que atraviesa de Este a Oeste el *Camino Olvidado*. En ese entronque, Riello, viramos al Oeste, rumbo que no perdimos hasta llegar a Santiago.

Fue una aventura llena de imprevistos, donde se dieron largas etapas coronadas por innumerables vivacs, puesto que en muchos lugares o bien los albergues no existían, o el alojamiento que se ofrecía no era accesible para nuestras precarias economías. En todo caso, y pese a todo, concluimos el viaje ante la puerta de Obradoiro en Santiago, de manera satisfactoria

Eso sí después de 15 días de caminata, durante los cuales recorrimos unos 600 kilómetros, superando unos 18.000 m., de desnivel acumulado, que se dice pronto. Ese fue el bautismo peregrino de mi hermano Maki.

A este viaje le siguieron otros. Uno de ellos fue el *Camino del Salvador*, realizado por aquello de continuar surfeando la cresta del subidón peregrino que supuso la realización de *Las Reliquias*. Lo realizamos metidos en pleno otoño, y cuyo periplo fue un continuo diluvio, tal vez mitigado, por la preciosas olas de variados ocres que ofrecían, en ese momento, las choperas... Resultó ser una muy dura, pero interesante actividad peregrina. Algo corta, la cual, nos dejó con ganas de seguir juntos explorando otros Caminos.

Al año siguiente, esto nos llevó, durante la primavera al *Camino del Norte*. Recorrido que comenzó transitando caminos inundados de agua y barro, pero, como ya saben ustedes, queridos lectores, los diluvios en Asturias, ni son universales, ni eternos. En ese sentido la suerte nos favoreció, bajo dos paradigmas:

- Que a partir de Tapia de Casariego lució el sol, con alguna que otra llovizna más bien por tierras gallegas, y nuevamente el diluvio al llegar a Santiago.
- El otro gran paradigma, fue que el Camino, o sus circunstancia, nos regaló un nuevo compañero de viaje: Pedro, alias *El Chileno*, cuya compañía resultó ser una experiencia valiosa, no solo caminar juntos, sino poder ayudar a un peregrino desvalido, y formar una triduo fraternal peregrino que se ha mantenido hasta que Pedro se fue para su tierra, con su familia.

Así fue, como cerramos el periplo peregrino, que se volvió abrir con esta incursión a través de Camino Primitivo, que hoy les quiero narrar de una manera cuasi íntima y cotidiana.

Es indudable que este *Camino Primitivo*, ya apuntaba maneras acerca de lo que acontecería con respecto a estos recorridos tenidos por marginales, desde su dureza y dificultad, a la escasez de los servicios, etc. No en vano, esa singularidad del Camino Primitivo se deja notar en los diversos relatos que han llegado hasta nosotros.

Esto que les aporto son solo breves apuntes del acontecer cotidiano, de uno de los viajes peregrinos más paradigmáticos, como es el Camino Primitivo. Un periplo caminero que arrojó según atestigua el diploma compostelano entregado por la Oficina de Acogida del Peregrino, unos 334 kilómetros recorridos en 14 días. Lo atestigua y lo firma: D. Segundo L. Pérez López. Deán de la Catedral de Santiago de Compostela.

¡Que ustedes disfruten de este viaje y la forma contarlo!

Diario de un viajero del Bordón hacia Santiago por el Camino Primitivo

La aventura de un dueto de peregrinos

Nos vamos al Camino Primitivo. Cuenta atrás

En mi Cuaderno de Bitácora Internáutica, dejo este aviso: «Durante 15 días no nos busquen, pues estaremos devorados por la pasión de las *Veredas Salvadoreñas* y los *Caminos Jacobeos*, y por tanto, nos vamos desde el 9 al 23 de junio de 2017 a realizar el *Camino Primitivo.*

De esta manera abordé junto con mi hermano Makinavaja (o sea Maki para los amigos) la realización de este trazado peregrino, del que las crónicas dicen que es el más viejo, tal vez lo sea, pero creo que son posteriores a las llamadas *Veredas de San Salvador*, esos trazados que vinieron de mano de la estirpe de los Fruela, los Alfonsos, los Ramiros, etc., quienes hicieron de su tesoro, las llamadas Reliquias Santas, y por supuesto de Oviedo, la capital de su *Regnum Asturum.*

El Camino Primitivo será nuestro personal periplo caminero durante un par de semanas siguiendo los hipotéticos pasos, de un mítico viaje que emprendiera el rey Alfonso II, apodado *El Casto,* el cual le llevaría hasta la profunda Gallaecia medieval, o sea hasta Iría Flavia.

Debo de adelantar, supongo que para mosqueo de peregrinos y peregrinas, que las huellas históricas de tal viaje son más bien escasas, por no decir inexistentes, más allá de los vagos testimonios de que se fueron articulando sobre un viaje, en el cual al parecer, participó el rey Alfonso II.

En todo caso, puede que ese viaje existiera, y que fuera una comitiva de comilitones de su corte, los que llegaron a Iría Flavia, con el encargo de examinar lo que allí sucedía, tras la insistencia del monje Payo ante el Obispo Teodomiro, y este sobre el *Casto*, acerca de diversos fenómenos que en tal enclave se daban, y que se recogen de esta manera, tal y como cuenta el libro de las *Hermandad de los Caballeros Cambeadores* : « deshaciendo y cortando la espesura de los robles, hasta que llegaron a donde estaba la Santa Cueva, y entró dentro, y vieron que estaba labrada, con dos arcos , y el sepulcro debajo de un pequeño altar y encima una piedra y al lado otros dos sepulcros, que no eran de tanta altura, y se pusieron en oración, y abrieron el del medio por inspiración de Dios, y vieron que era el cuerpo del Apóstol, que tenía la cabeza cortada y el bordón dentro, en un letrero que decía: Aquí yace Jacobo, hijo de Zebedeo y de Salomé, Hermano de San Juan, que mató Herodes en Jerusalén , y vino por mar con sus discípulos hasta Iría Flavia de Galicia».

La comitiva, comprobó lo que allí acontecía, y sabemos, que quienes fueron, dejaron una manda para el levantamiento de una modesta capilla como testigo de esa contemplación tan singular de unas luces que vieron Payo y Teodomiro. Se ignora si el séquito ovetense, pudo contemplar las famosas luces. Lo que se recoge de viaje se escribió mucho más tarde y faltan mucho detalles, y es desde luego, una crónica muy interesada.

Al parecer de algunos estudiosos, la citada comitiva asturiana, más bien salió escaldada de la visita, pues ya se sabe que los gallegos no son de fiar, y creyendo los astures que podrían llevarse tales cosas consigo, a fin de engrandecer su afamado tesoro, guardado en *Sancti Salvatoris.*

Eso no fue posible, y además, resultó que les presentaron a la firma y sello, el famoso *pacto de las 3 leguas.* En definitiva, que nada de lo que allí en Libredón había, no se movería; y poco debió importar que fueran muy reales, las dignidades venidas desde las Asturias de Oviedo. Estas se marcharon con las manos vacías. En ese sentido, es extraño que la famosa comitiva (real) no hubiera regresado con algun presente para justificar tal viaje, y para engrandecer el tesoro de las reliquias, que la estirpe visigoda había acumulado, a lo largo de los años.

Sirva pues, este breve diario del viaje, sencillo y cotidiano de un simple peregrino, que espera que estas letras sirvan para tener una idea, corriente y moliente, más allá de los lisonjeos literarios acerca de lo que supone llevar a cabo este tránsito o peregrinación por el Camino Primitivo a Santiago, al menos lo que supuso para nosotros.

Víctor Guerra. Miércoles, 28 de junio de 2017

EL CAMINO PRIMITIVO (A UÑA DE CABALLO)

REFLEXIONES PRELIMINARES

Lo cierto, es que este Camino «primigenio», pese a las lecturas históricas, y al estudio de obras de María Josefa Sanz : *El Camino de Santiago por Asturias*, o la de Alberto Polledo Arias: *«Buen Camino. De Oviedo a Santiago tras los pasos de Alfonso II»* y algún que otro estudio e incluso ficciones noveladas, aunque tampoco es que haya mucho más allá de los relatos odopéricos.

Tal vez por ese motivo me costó encontrar la «química del Camino Primitivo», de ese «que todo el mundo habla maravillas».

Tal vez la explicación haya que buscarla en que, para los «caminantes, peregrinos, y turigrinos» que vienen de otras latitudes, todo es nuevo y exuberante: los bosques, las praderías, las brumas, las tormentas, la fauna doméstica y como no, la salvaje.

Aunque todo eso, no deja de ser una realidad cuasi que permanente, presente en el acontecer cotidiano del peregrino desde el mismo momento en que se dan los primeros pasos ante la catedral de Oviedo. Eso es lo que iremos viendo, y experimentando cada día, y en cada etapa, cada una de ellas con su esencialidad y peculiaridad, que las hay.

La conclusión que fui sacando a lo largo de tal peregrinaje por *el Camino Primitivo,* no es una peregrinación al uso. Por mucho que las vulgatas canónicas, y sobre todo las turísticas maximicen el acento, en lo excepcional del paisaje, que preside todo el trazado, bueno sobre todo en la parte asturiana, e incluso diaria , sobre una parte de una etapa.

No quepa duda de que es un trazado singular y atrayente, más allá de los tópicos que se le quieran dar, y será en todo caso, de justicia porque en su interior guarda muchos tesoros y misterios, algunos de ellos los fui descubriendo, como Saulo cuando se cayó del caballo.

UN CAMINO A UÑA DE CABALLO

El llamado *Camino Primitivo,* también llamado *Camino Astur-Galaico de Interior, o Camino Norte de Interior,* o incluso *Camino Real de Galicia,* para mí, que conocía solo algunos tramos, fue el momento ideal de recorrerlo de punta a rabo de un tirón, presidido bajo el lema del *cucúrrimus alfonsino.*

Ya he dicho en varias ocasiones, que este primera travesía hacia Padrón, creo que no estuvo presidida por la dignidad alfonsina, pues aparte de la edad del rey y las circunstancias de la corte, hacen sospechar, y yo soy de la opinión de que Alfonso II no tuvo tiempo, ni ganas de visitar tierras tan lejanas, a pesar de haber vivido en ellas, como para tener que volver y dar explicación, a los distintos notables asentados al par de su itinerario hacia lo profundo de la *Gallaecia.*

Incluso estoy por dar mi brazo a torcer, acerca de la cuestión de que ese viaje existiera tal y como ha llegado a nuestros oídos, pero no creo que estuviera al frente *El Casto*, sino que esa visita se desarrolló mediante la visita de una comitiva compuesta por los *Mayores de Palacio*, (por sus Principales), y que dicho séquito de reducidas dimensiones, se acercó al lugar de las apariciones celestes, para dar cuenta al rey Alfonso, de lo que sucedía en Libredón.

Digamos que no estaría muy desacertado en mi pensar, que estos principales señores de la corte asturiana hubieran realizado dicho viaje, y que se hubiera hecho a toda prisa, el famoso *cucurrimus,* del que hablan las crónicas, no tanto para llegar lo antes posible a las tierras de Libredón, que también, además no ser presa de posibles embocadas de los revoltoso condes galaico; sin olvidar el fin último de evaluar la importancia de lo que allí hubiera acontecido.

Es lógico pensar, ante lo observado, a los señores visitantes les convencía y les convenía, su idea y objetivo fuera la de sumar dicho hallazgo al monto de las reliquias, sitas en la Cámara Santa de la catedral de San Salvador de *Ovetao.*

Lo curioso del caso, es que la *vulgata canónica,* nos cuenta una bonita leyenda que da pie y leyenda al comienzo del fenómenos jacobeo, eso sí rasgos muy literarios y legendarios, de los bueyes, del arca marmárica, etc., presentando además para que nada falte los clásicos momentos esotéricos. Pero hay que decirlo en alto, todo ello con muy poca consistencia histórica.

Al tenor de lo expuesto, el *Camino Primitivo,* yo al menos, no lo considero como un camino peregrino al uso, a modo de penetración religiosa, cultural, ni siquiera ni ideológica, más allá de que se fueran establecieran cenobios y casas nobles en su trazado a los largo de los siglos. Es un camino diferente, un pasillo para ir Santiago, aprovechando antiguas creencias y peregrinajes, pero desde luego el Camino Primitivo no sirvió de sustento para mostrar la ortodoxia católica romana.

Dicho Camino era trasmontano, y ya sabemos que en los montes estaba presente el mundo pagano, la herejía, el priscilianismo,[1] etc., por eso tal vez, los caminos del Norte, sirvieron para los fines que perseguía el alto clero, y que tantos réditos le estaba sacando a otras *peregrinatios.*

---

1 Aquello que recogía el padre Flórez. Que había quien sostenía que el sepulcro y los restos pertenecían al obispo gallego Prisciliano, decapitado en Tréveris en el años 385, junto con sus dos acompañantes, bajo la dudosa acusación de hechicería. Tanta veneración despertó entre la alta jerarquía obispal gallega que se solicitó u inclusión en el catálogo de santos Mártires.

En realidad, es un trazado en el que uno no va a encontrarse con grandes monasterios , o grandes iglesias, o grandes lugares de culto mariano, que va, aquí todo es pequeño, bueno algunas iglesias con respecto a los pueblos no, aquí son iglesiucas rurales, ermitas y capillas que recogen ancestrales advocaciones religiosas: San Salvador, Santa Eulalia, San Martin de Tours, San Roque... etc.

El resto, y lo realmente impresionante, a ojos de los nuevos peregrinos son espléndidos paisajes, las corredoiras, las sugestivas carballeiras, los modestos poblamientos, parajes que dicen mucho de las míticas de cada lugar, por los que supuestamente pasó el monarca asturiano acompañado de su séquito en pos de la figura yacente de Santiago, Pero nadie lo vio, y nadie lo escrituró, ni magnificó tan soberbio acontecer. Aunque sabemos, que el mito no necesita pruebas históricas. Este es autosuficiente en sí mismo.

EN POS DE UNA CAMA

Nuestro camino hacia Santiago lo diseñé para realizarlo siguiendo la traza oficial del *Camino Primitivo,* luego ya vendrían, como vinieron otros recorridos adyacentes y con mucha raigambre en su momento, pero lo definitorio en esta nueva aventura peregrina era alejarse de las prisas de los viajes peregrinos al uso.

No puedo negar, que no pudimos evitar, en algunos momentos se diera eso de *correr tras una cama.* Si eso sucedió, en parte fue porque lo realizamos entre el 9 al 21 de junio, época en que no se preveía una presencia tan abrumadora de peregrinos, pero resultó que coincidimos en fechas y estancias con un importante grupo de peregrinos de origen canario, (unos 19) que habían reservado todos alojamiento posibles en todas y cada una las etapas del Primitivo, y desde hacía meses.

Eso, junto con la presencia de otros caminantes atraídos por una intensa bonanza climatológica, y el boca a boca de que el Primitivo, era el Camino de los Caminos, y que satisfacía de forma considerable, los deseos, las expectativas, hasta lo egos, pues miel sobre hojuelas para que, amparados en un creciente presencia de albergues, hizo que a en este itinerario un tanto marginal, nos conjuntáramos uno 175 a 100 peregrinos por etapa. Como para que no te entraran las prisas.

De esta manera, tanto Maki como yo mismo, nos vimos implicados en ese odioso bucle de correr en pos de una litera, en tramos muy justos en cuanto a la capacidad de acogimiento. No debemos de olvidar unos datos no menores. El Camino Primitivo pasó de las 1.550 pernoctaciones en el año 2000, a las 29.271 que se dieron en el 2015

CAMINO PRIMITIVO | 1ª ETAPA, OVIEDO-GRAO

Entre la realidad y el deseo

Los Viajeros del Bordón del Primitivo: Maki y el que suscribe.

Por fin, había llegado el gran día de la partida hacia el *Iter Sancti Jacobi,* o Camino de Santiago, por el hoy llamado *Camino Primitivo,* que por cierto, dicho título distintivo se lo debemos al profesor Ricardo G. Polín, quien en 1992 en una reunión del Camino Astur-Galaico celebrada en Castroverde, propuso tal título, el cual fue aprobado y confirmado luego por la Xunta de Galiza en 1997. Así, como el supuesto viaje de Alfonso II *El Casto* quedó para la eternidad como *Camino Primitivo.*

Indicar, que mis expectativas para este viaje no estaban muy bien definidas como se podrá ver. Frente a la catedral de San Salvador de Oviedo, canónico punto de partida peregrina, aunque nosotros al no ser *peregrinos penitentes*, nos echamos al camino sin rito, y sin bendición alguna, y como tales viatores agnósticos, emprendimos el viaje tras la despedida de algunos amigos, armados de zurrón y bordón y bota vino, participando así del concepto y estética de las *Gentes del Bordón*. Eso sí, respetando todas las creencias y posiciones de cada peregrino o caminante.

En este entretiempo del comienzo, nos encontramos con la novedad de recibir la llamada del amigo Iván Menéndez que nos comunicaba su presencia en nuestro transitar caminero, en el tramo que va desde Oviedo hasta el Puente de Peñaflor.

Se desarrolló por tanto, esta primera etapa mediante el caminar tranquilo del triduo caminero, aunque las largas piernas de nuestro nuevo acompañante, nos marcó de mano un vivo ritmo, roto por las obligadas paradas para tomar resuello, y contemplar los parajes, y los quebrados horizontes ovetenses.

El día amaneció más bien neblinoso, motivo por el cual la mítica cumbre del esoterismo asturiano: el Monsacro, apenas dejaba vislumbrar sus contornos, así como su elongación geológica, la mitológica sierra del Aramo.

Para este viaje, quedaba por determinar algunas cuestiones, como cuáles serían los caminos a utilizar para llegar a Santiago, esa el cariz de nuestros debates a la altura de El Caleyu, y camino de la capilla del Carmen, en Lampaxua, donde se impuso una inaugural parada. A pesar de la relativa ligereza de las mochilas, con un peso de nueve kilogramos, estos empezaban a ser algo excesivos. Razón por la fuimos auto imponiéndonos un ritmo calmo.

De Lampaxua a Loriana, se puede decir que fue otro tramo que hicimos de forma relajada. La cuestecita hasta el conjunto que forma la casa del amigo y gran pintor Ricardo Mojardín, la iglesia con su viejo resto de la anterior, una puerta tardorrománica, la fuente y el lavadero, se hizo de rogar, obligándonos a dar el primer sorbo de agua del recorrido, para cuyo menester siempre llevábamos un cazo de aluminio, en sustitución de la vieja calabaza o concha peregrina de antaño.

Desde aquí, tomamos pendiente abajo, hacia La Bolguina, donde deberíamos haber hecho otra parada, pero dado que habíamos hecho una en Lloriana, y que parecía obligado hacer otra en *Casa Concha,* en el alto de Escamplero, proseguimos por el arcén de la AS-232 la marcha, cruzando el río Nora, de forma cómoda por el Puente Gallegos, cuyo topónimo ya nos pone en situación con respecto al destino al que nos dirigimos. Por otro lado, este cauce en su tiempo era todo un problema cruzarlo para los peregrinos, pues hasta el siglo XII no hubo puente alguno.

Un poco más arriba, un desvío nos llevó hacia el viejo sendero que busca las orillas del río Nora, que al punto nos presentó el cuestarrón que pasa por delante de la puerta del molino de *Los Quintos*, para vernos al punto transitando por asfalto hasta llegar a las puertas de la Venta de Escamplero. Por cierto, tramo este que nos costó lo suyo, pudiendo evaluar nuestro estado físico, sin comentarios.

Para colmo, en algunos momentos mi pierna derecha empezaba a quejase de una vieja molestia en la cabeza del peroné. ¡Empezábamos bien!

Maki como siempre, va dopado y no tenía problema alguno, al menos aparentemente, por tanto seguía al pie de la letra, su lema «paso ligero y vista al frente», eso sí portando una faja de varillas para sus dolencias de columna, yendo de este modo cinchado como los burros, ignoro la infame cantidad de fármacos que toma para las dolencias varias que dice padecer. Así va «*tirando millas*».

En la Venta de Escamplero, con unos trece kilómetros andados, bien nos merecíamos una cervecita. Pero no pudo ser, el famoso chigre estaba cerrado, así que nos quedamos con las ganas. En su tiempo hubo un hospital que dio soporte a los romeros, dado antes del siglo XIV, por uno de tantos hidalgos como contaba Asturias, en este caso por Rodrigo Alfonso Escamplero, más tarde hubo una Venta.

Un poco más adelante pudimos en parte resarcirnos en una tienda situada a la vera del camino, en la cual compramos algunas vituallas: pan para el bocadillo y un bote de cerveza, y donde se produjo el momento crucial, pues el tendero nos comunicó que por delante desfilaba una nutrida tropa de peregrinos, sin que pudiera indicar el número de romeros que nos precedían, pero eran, según decía, bastantes.

Esta noticia nos puso los pelos como escarpias, pues hay etapas en que no es muy generosa en albergues, e incluso se puede decir que estos más bien escasean dentro del esquema «turistizado» de las etapas al uso. A pesar de la diversidad de alojamientos alberguistas, su abundancia o parquedad, va por concejos y municipios, siendo su reparto una cosa muy desigual, y Grao es de esas, un auténtico «cuello de botella».

No pudiendo hacer otra cosa, seguimos nuestro camino hasta Valsera, que según se dice por estos lares, no pasaba «ningún camino antiguo de la Fé o camino francés», aun así como buenos peregrinos, llegados a tal enclave se impuso una solemne parada a la vera de la ermita de Valsera para dar cuenta de los condumios *ezequelianos*, o sea del chorizo y salchichón, y un viejo queso de oveja, regado todo ello con unos trasgos de vino de bota que portaba Maki.

Desde este enclave nos fuimos metiendo en entornos más rurales a partir del lugar de La Razaba yendo por Picadín y llevando el río Andayón a nuestra vera, hasta llegar a las cercanías de Premoño, donde compartimos trazado con el PR-AS 171 yendo por sendas peoniles camino de La Fuente, aunque por unos buenos instantes dejamos las marcas jacobeas para desviarnos hasta las termas romanas de Premoño.

Atrás en lo alto, habíamos dejado los restos del antiguo hospital de Santa Ana que se localiza en una casa cercana a la capilla del mismo nombre. Esto nos retrotrae a una época en que las ofertas alojativas eran más bien pragmáticas, limitándose por lo común «a cama, luz y lumbre...».

En alguna ocasión se aumentaba la oferta añadiendo una pizca de sal, aunque nunca entendí muy bien el porqué de la sal. Seguimos luego de pasar por delante de la casa de Ardaje y visitar los restos del balneario romano de Premoño. Entrando en los predios del río Nalón, y así hasta pasito a pasito, fuimos caminando hasta el extraño lugar de Laracha, cuya traza sigue el viejo «camino francés».

Lo cierto es que por estas sendas que ahora desfilamos en concurrida disposición, gozando de la orilla del Nalón, es de suponer no eran los recorridos de antaño, ya que tienen toda la pinta de ser zonas inundables, y ya se sabe que los antiguos peregrinos huían del agua como gato escaldado.

Se llega al lugar de Paladín, donde viramos en dirección Sur, cruzando el río Soto y recuperando el rumbo Oeste, para de este modo cruzar más adelante el Puente Peñaflor, pero antes, para que se note lo relativo a los caminos de peregrinación, María Josefa Sanz nos dice «que el camino en esta parte al lugar de Anzo y por Setiello llegaba a La Mata , a orillas del río Cubía« en cuya iglesia de Santa Eulalia se encuentra el sepulcro del obispo Adulfo, Santo Dolfo de la Mata, para desde aquí ir directamente a Leñapañada». Una vez más los peregrino evitaban las grandes villas con sus portazgos, rencillas y demás.

Volviendo a Peñaflor, al llegar al pie Casa *Aurina*, donde es obligatoria una parada. En esta ocasión, no pudimos catar sus famosos callos, pues no era temporada, por lo que hubimos de conformamos con un par de botellas de sidra, unos chorizos cocidos en dicho líquido elemento, mientras aprovechábamos unos rayos de sol y contemplando las Peñas del Viso y la del Viento.

De nuevo en camino, esta vez para dirigimos hacia el pueblo de Peñaflor, contemplando al paso la vieja iglesia parroquial, cuyos cimientos son roídos por la carretera que la estrangula contra la peña.

En ese trasiego, nuestro compañero Iván nos recordó los tiempos de la «francesada» por esta parte de Asturias, donde se anduvo a tiros y cañonazo limpio por estos lares, lo que cada año rememoran las gentes del lugar, recordando la tierra de la «¡Liberté, Egalité, y Fraternité!», y ejército que llegó a modo de liberación para unos, y de ocupación para otros, vaya usted a saber, y que en todo caso a su paso dejó pasados a cuchillo a más de 100 prisioneros.

Ante el apeadero de Renfe de Peñaflor nuestro amigo Iván nos dice que hasta aquí ha llegado y que coge el tren de vuelta a Oviedo. A nosotros aún nos quedaba atravesar la amplia Vega de Grado en medio de una solana importante hasta llegar a Grado.

En el recoleto albergue público de Grado no había literas libres, como nos explicó la hospitalera en la inentendible lengua de la pérfida Albión. Por tanto, nos vimos obligados a optar por una cama matrimonial para dos personas en una Casa de Aldea a 32 Euros la noche . También teníamos la opción del *Hostal Auto Bar*, que fue lo que hicimos, cuyos dueños nos derivaron hacia un piso *patera,* lo que en su tiempo debió de ser su hogar, y allí por 35 E por una habitación de dos camas y el desayuno.

Dormimos plácidamente entre fotos familiares de casorios, bautizos y comuniones.

¡Empezábamos bien!

Los amables dueños de establecimiento, además de ofrecernos las cama, nos ofrecían de forma muy obsequiosa, un menú de peregrino para la noche, lo que suponía otro generoso desembolso de 15 Euros, a lo cual nos negamos dada la cantidad de jornadas que teníamos por delante, y no era plan de dejar seca la faltriquera en las primeras de cambio.

Al final decidimos dar cuenta de las vituallas que portábamos, y lo hicimos en el seno del antiguo comedor de la casa, reacondicionado a modo de habitación patera; tras lo cual nos fuimos a visitar a las amigas de la *Pastelería Pastur,* donde nos deleitamos con un generoso chocolate en tazón, y para mojar dos pasteles de nuez y avellana, que me vinieron como dios, al menos para quitar la gusa pastelera.

De Grao poco vimos, pues es villa que ya conocíamos, y restos antiguos como que pocos quedan, más allá del antiguo recuerdo de un hospital que funcionó bajo la advocación de Nuestra Señora de las Candelas, luego están los diferentes input patrimoniales: casa indianas, impresionantes iglesias y ermitas, el ayuntamiento y los palacios que los tiene.

CAMINO PRIMITIVO | 2ª ETAPA, GRADO-SALAS

Entre Vaqueiros e Inquisidores

El merecido descanso nocturno fue merecido, eso sí hasta que Maki me hizo salir de la soñolencia antes de las 5 de la mañana, con su retahíla de ronquidos, pesadillas, acompañado de charletas a media voz, algo que yo no conocía de mi hermano, lo que supuso una noche movida.

Por la mañana me asomé a la ventana del piso patera pudiendo ver los afanes de los primeros peregrinos, algunos hacía ya tiempo que se habían ido, o sea la mayoría, pero a los que ahora contemplaba desfilar con sus vieiras, eran los más retrasados, y al verlos con sus enseñas jacobeas ello me suscitó la siguiente incógnita: Sí bien a los peregrinos de antaño les «movía el tormento de la fe y la pesadilla de la salvación», me repregunto ahora sobre ¿Cuáles serán hoy las motivaciones que mueven a la mayoría de los peregrinos para postrarse ante Santiago Apóstol?

Es de imaginar que para algunos realizar estos periplos no supone ningún cambio a pesar de los siglos, pues digamos que los mueve la fe y la creencia religiosa, para otros en cambio el abanico de los porqués es tan amplio que necesitaría de muchas hojas para plasmar tanta motivación.

Para ser justos con los lectores, debo decir que para nosotros *Gentes del Bordón de carácter agnóstico*, las motivaciones que nos mueven a vagar por los Caminos, son un tanto pragmáticas, desde luego, la fe, pero entendida esta como la palanca que sirve para no hundirse en el aburrimiento y escapar por unos días de la molicie de la vida cotidiana.

Tal vez, sea esto lo que mueva a la generalidad de peregrinos, entre los que abundan hoy por hoy parados y jubilados, ese creo que es el perfil de los romeros que pasaban por delante de mi ventana en ese instante.

Algunos peregrinos que pasan por delante los identifico como parte del grupo *canario* de los cuales nos hablaron ayer, y cuya retaguardia rematan por la cola tres peculiares romeros que van con unas minimalistas mochila, los cuales no parecen tener prisa, ni ser tarde para ellos.

Pasa también otro extraño grupo que por sus vestimentas asocié en un primer momento con actividades paramilitares, aunque luego resultaron ser un grupo de mineros, de aquellos que participaron en la llamada *Marcha negra sobre Madrid,* la cual hicieron andando. Luego supimos que para conmemorar aquella gesta de caminar desde Asturias hasta la capital de España, pensaron que el hacer el Camino Primitivo podría estar bien, volverse a reunir y caminar esta vez en pos del Señor del Trueno.

Por nuestra parte, tras rematar el cierre de la mochila y embadurnar los pies de crema antifricción que yo mismo me fabrico, me calzo las sandalias, mientras Maki hace lo propio con sus botas militares, y aunque le ofrezco tal producto me suelta que él pasa «que los pies no se mojan que se ablandan...».

Maki ignora lo que se nos viene encima. Cuando salimos tras desayunar en la barra del *Auto Bar,* procuro calmar sus ansias sobre caminar en plan «paso firme mirada al frente», pues la subida hacia el Santuario del Fresno es una larga tirada por asfalto, en la cual hay que salvar casi que 300 m., de desnivel, y estamos empezando como quien dice.

Me hubiera gustado acercarme en nuestro inicio de etapa hasta el Cementerio de Grado, y comprobar el estado del panteón de Concha Heres, que cada año está más vandalizado, pero la niebla de la mañana no dejaba ver más allá de tres en un burro. Así que pasamos por la trasera de la *Quintana de los Muertos,* sin apenas ver nada.

Seguimos ladera arriba a través de los núcleos de Quintana- La Barrera y el Cascayal, ganando metros a la pendiente hasta llegar al lugar de la Venta, donde cogimos a los rezagados peregrinos canarios, y ya con ellos fuimos subiendo hasta el collado que preside el Santuario del Fresno el llamado Monjoy para aquellos peregrinos que viendo del Occidente se llegaban al par de San Salvador de Oviedo, desde cuyo punto dice, Josefa Sanz, «se veía la torre de la catedral»» hoy esa tarea en imposible.

Hasta el templo del Fresno no subió nadie, salvo Maki, y el que suscribe, de camino hasta aquí, había explicado a Maki la existencia de un singular alojamiento alberguista que habíamos dejado atrás, que antaño había sido encomienda de los Hospitalarios.

Es así como reza en un documento del monasterio de San Salvador de Cornellana del año 1229, en el que se habla de uno de los dos hospitales que hubo, y cuya titularidad ostentó la Orden de San Juan de Jerusalén: «Roderici Petri, frater ospitalis de Lenapanada», que fueron quienes fundaron en el 1540 el monasterio, el hospital y el albergue de peregrinos, y que regentaron un prior y tres monjes o caballeros profesos que ayudados de sus servidores, ayudaban y defendían al peregrino. A la vez que administraban las rentas o donaciones percibidas de los siervos y nobles de los lugares vecinos. Posteriormente tal enclave fue entregado a la Orden religioso-militar de los Caballeros de Malta, aunque tanto civil como eclesiásticamente tenían jurisdicción propia.

Ganado el emplazamiento del santuario del Fresno, aunque ni yo soy Guillermo de Aquitania, ni Maki el Señor de Leras de Lodève, como para arrodillarnos y pedir perdón y tener que purgar así nuestros pecados, pero digamos que subir hasta el santuario y poder contemplar el panorama que tal enclave nos ofrece, que es único, y bien merece el esfuerzo de la subida, tanto por las vistas, aunque no se vea ya ni Oviedo, como por el propio edificio, que es realmente impresionante.

Tras la visita no queda otra que encarar la bajada por la vertiente salense por el llamado camino del Moriondo, que se precipita ladera abajo, dejando atrás las Asturias de Oviedo, para entrar en las Asturias de Tineo, aunque el descenso no se calma hasta San Marcelo, pueblo que cruzamos, no sin antes probar las aguas de la riega de Vallobal. Viendo la envergadura de los pontones que nos ayudan a cruzar la riega, es de suponer que sus tránsitos debieron ser importantes. Aunque para ver su importancia y dimensión es bueno salirse del trazado y comprobar desde otro ángulo

Cruzamos la aldea de La Reaz, donde de nuevo probamos sus aguas. El resto de los peregrinos ni que decir, que se abstuvieron de beber de tales manantiales por si las moscas. A veces pienso en cómo se agarran algunos prejuicios y miedos a nuestros comportamientos sociales.

El trazado del Camino extrañamente deja de lado el Palacio de Doriga, y la pereza nos inhibe de allegarnos hasta sus aledaños para contemplar su singularidad. O sea que cruzamos la aldea de Santa Eulalia, dándonos de bruces con su iglesia parroquial, esta nos impresiona por su monumentalidad, así como por las grandes paneras aledañas.

Seguimos primeramente por un buen camino hasta desembocar en un sendero empedrado que en franco descenso, muy resbaloso nos deja en Las Casas del Puente, ubicadas al par de la carretera AS-16, por un lateral de esta se llega en un pis pas a la rotonda de Verdugos.

Llegados a estos enclaves me extraña que nada, ni nadie indique algo sobre las peculiaridades de la toponimia, y su relación con otro camino peregrino que iría por Santiago la Barca hacia el pueblo de sonado nombre como el Hospital, prosiguiendo el trazado en dirección a la capital salense, yendo por Soto de los Infantes.

Pero como no es cuestión de aventuras, seguimos con lo propuesto de forma oficial a modo de Camino de Santiago, yendo por un lateral de la carretera adelante hasta la rotonda de Verdugos, donde se vira al Oeste. Ahora tan solo queda cruzar el río Narcea, antes se hacía por el llamado Puente Vieja, hoy lo hacemos por un puente renovado, que en el extremo occidental, queda como testigo de viejas épocas el casetón donde se pagaban los portazgos.

Una vez realizado el cruce, yo me voy por la senda fluvial camino del monasterio de San Salvador de Cornellana, y Maki va hacia su perentoria necesidad de completar la particular «ruta de San Miguel», en base a trasegar alguna que otra *garimba,* procediendo a consignar en las credenciales su paso por tales lugares de repostaje.

Llegado al pie del monumental monasterio que habitaron en su momento los cluniacenses (benedictinos reformados), es hora de sentarse y sacar la bota de vino, esperando a Maki contemplo la gran portada de la iglesia y la del monasterio, en cuyo recinto se ha instalado un coqueto albergue. Rememoro así parte de la historia del cenobio, la cual recuerdo a grandes trazos.

Tras una primera instalación cenobítica tras la donación en el 1024, vino el establecimiento de los cluniacenses que llegaban de la mano del obispo Gelmírez, en ese deseo de expandirse por la cornisa norteña, queriendo unir la política local y regional a los intereses de los jerarcas religiosos, de lo cual los cluniacenses hicieron principal su arma a la hora de imponer la ortodoxia ritual romana, dada la herejía que se daba en esta parte de las montañas del norte de Hispania.

Lo cierto es que a los monjes de Cluny nos les debió de interesar mucho Asturias. Su presencia quedó ceñida tan solo a Cornellana, dónde además, sostuvieron no pocas trifulcas con los herederos del monacato y hasta con la misma iglesia ovetense, hasta que se fueron yendo, poco menos, que con cajas destempladas. Lo mismo pasó en el territorio hispano cuando los Reyes Católicos emitieron aquella famosa a bula, por la cual daban por concluido tanto monacato dependiente del famoso Priorato francés de Cluny.

De la vocación caritativa de este edificio, queda bien claro al leer una manda de su fundadora, cuando esta indica que «ustentatione pauperum vel egentium ac peregrinorun ospitis adveniedum».

Vuelvo a la realidad del momento, son las 11,30 h., y sigo aposentado, dando cuenta de mis vituallas y del contenido de la bota de vino bajo la débil sombra que me ofrece el crucero que preside la zona. Momentos que aprovecho para escribir algunas notas, mientras el grueso del grupo de «canarios» va desfilando por delante de mí en dirección a Salas, eso sí, sin apenas acercarse a los muros eclesiales, o a la portada de la monumental iglesia de San Salvador que presenta la clásica imagen tan destartalada de siempre.

Antes de tomar el camino a Salas, me entretengo un rato buscando, y anotando en mi cuaderno las viejas marcas dejadas por los canteros medievales que las construyeron, y las cuales se dejan ver en los muros de la iglesia y en la zona del ábside, aunque poco se sabe acerca del origen o procedencia de las cofradías o maestros canteros que las hicieron, para de este modo cobrar sus soldadas.

Llega Maki, y compruebo que no está de humor. En todo caso le cuento que el edificio que ahora contempla, o parte de él, fue fundado allá por el 1024 bajo la influencia, dicen, de la infanta Cristina, hija fruto del matrimonio de Bermudo II y la famosa reina Velasquita. De ese legendario contexto nació el monacato en memoria de un mítico extravío que tuvo la inocente infanta en el bosque de las proximidades, donde dice la leyenda que su pérdida fue velada por un joven oso u osa...

Dice Maki que eso le recuerda al cuento de Caperucita, más o menos, pero en vez de lobo aquí se trata de un oso, que por cierto los estudiosos e historiadores debieran hacérselo mirar, pues la representación zoológica en la portada que da acceso al interior del monasterio, más bien parece la de un león...

Es una pena contemplar el cenobio en esas condiciones, aunque ya lo ví peor antes del arranque de la reconstrucción. La crisis se ha llevado por delante el proyecto que arrancó a modo de ejemplo que aportó la reforma del Monasterio de Valdediós, realizada mediante una Escuela Taller dedicada a los oficios de cantería y carpintería.

Ya, Alberto Polledo, en su libro. recoge que este asunto de los caminos jacobeos y estos inputs que se le levantan a su par, le importa un rábano a la institución pública, sobre manera cuando se contempla el estado de este y otros monasterios.

¡Qué le vamos a hacer !

No es nada nuevo, ya en tiempos de Ambrosio Morales, este informador real apuntaba, que el cenobio salvadoreño de Cornellana carecía de aquellas reliquias que antaño debió poseer. Hoy, por mucho que busquemos, poco se podrá ver o encontrar más allá de las marcas de los canteros. Por aquello de significar tal desidia institucional, hay que decir que no hay ni un mísero cartel en la zona que nos relate la historia del monasterio, ni nos hable de la presencia de los monjes cluniacenses, o que nos expliquen las ya citadas marcas canteriles que se reparte por los muros del cenobio.

Hasta sería deseable, por una vez en la vida, poder ver abierta la iglesia, o tener acceso al claustro. Pero observando el poco interés que parece despertar entre el personal peregrino el monasterio, el cual ha pasado por delante del edificio, y no se ha acercado ni a mirar los llamativos motivos heráldicos, pues eso, al final nos pasa factura, *pasando que es gerundio.*

Retomamos una vez repuestos de la caminada, y tras la escucha estoica de Maki del relato, nos vamos rumbo a Salas, observando los testigos del naufragio económico del país, cuyas cicatrices se pueden contemplar en los tramos de puentes y viaductos a medio construir, o en los taludes que se están viniendo abajo, a este respecto, anotar que estamos ante la famosa *Autovía del Interior* la cual ha quedado a medio hacer, al menos entre Cornellana y Salas, aunque se ignora el destino final al cual se dirige esta famosa autovía.

Tras dejar atrás la aldea de Sobrerriba, y un extraño escudo en una casa antes de entrar en el pueblo, se acomete un pequeño repecho que nos sitúa en lo más alto de la etapa, una vez ganada la cota más alta el camino ya algo más estrecho desciende acompañando al río Nonaya. A la altura de la cantera de sílice de Llamas los trazados son ya más amplios. Por nuestra parte, el tránsito lo vamos entreteniendo con la conversación con los tres peregrinos canarios a los cuales nos hemos unido (José, Eliseo y Miguel), a los cuales les voy contando algunas cuitas y singularidades de la economía astur y sus regulaciones político-geográficas y sociales.

Al llegar a la Fuente de Santiago, o *La Calentona*, que se reconoce por su gran pilón. Los romeros no pudimos vencer la tentación de remojar los pies en la fresca agua, eso sí durante un rato, para luego proseguir rumbo hacia Salas por la aldea de Casazorrina, y sin apenas darnos cuenta nos encontramos ante el caserón o torreón de La Devesa, con su puerta de medio punto y una aspillera remata mediante una forma avenerada, se dice que en este lugar en su tiempo hubo venta, y de las famosas. El conjunto del diminuto caserío presenta un curioso aspecto medieval.

Al llegar a este enclave, he de decir que me hubiera gustado saludar a los distintos propietarios, al profesor Francisco Muñoz Escalona, estimable cátedro de economía y planificación turística, y al historiador Javier G. Granda que compró, en este medio tiempo, la torre medieval de la Devesa, y ya se sabe: *pueblo pequeño...*

La imperiosa necesidad de reservar el albergue tira de nosotros, por cuyo seguimos prestos a cruzar la carretera nacional «a pelo», para una vez alcanzada la aldea-casona de Mallecín hacia la rica villa de Salas, donde nos recibe una apretujada capilla, dedicada a San Roque y donde estaba ubicado el hospital de peregrinos. Llegamos a la plaza en el mismo momento en que salen algunos diligentes peregrinos mañaneros, de darse el placer del condumio en afamadísima *Casa Pachón*, eso sí yendo luego directos a la sopa boba de la siesta. Me pregunto para mi coleto ¿Sí estos peregrinos no harán más horas de sueño que caminando?

Nuestro lugar de reposo para este día es el albergue *De Miguel,* a cuyas puertas llegamos, y de buenas a primeras el acceso nos depara con una empinada escalera, de esas que quita el hipo, o sea lo ideal para nuestros fatigados perniles. Tras las pertinentes quejas por la terrible escalada, recibimos por el contrario, la afable cortesía de los hospitaleros, aunque el albergue me recuerda bastante al camarote de los Hermanos Marx.

Salas, es la tierra natal de un personaje bipolar como lo califica Miguel Barrero en su libro sobre el Camino Primitivo: *Las tierras del fin del mundo.*

Estoy hablando de Fernando de Valdés y Salas, Inquisidor General nombrado por Felipe II, Presidente del Consejo Real de Castilla, y fundador de la Universidad de Oviedo. Por cierto, me pregunto ¿Como les iría a los vaqueiros de alzada con el Sr. Inquisidor General de Salas, sabiendo que al otro lado de la sierra, en tierras de Luiña, se les prohibía entrar, a tan singulares astures más allá del pórtico de las iglesias a escuchar misa...?

Cuando quisimos ver el catafalco de alabastro, esculpido por un italiano famoso para el señor inquisidor, que es tela, pues se dice que vinieron más de cincuenta carretas de bueyes desde Madrid, acarretando tal cenotafio en que se enterraría Valdés Salas que en vida podía contemplar su futura y fría cama. Pero la visita no fue posible, el templo de Santa María estaba cerrado

Instalados en el *camarote* correspondiente, se impone un poco de organización en la habitación, puesto que no hay armarios. Maki viendo lo sucedido en Grao, aprovecha para ducharse rápidamente y salir a la calle para tomar una cerveza o las que cuadren; la verdad es que nos la hemos ganado.

Como ya había medio comido en Cornellana, la idea era entretener la tarde y luego ir a cenar, yo me esperaba que estuviesen los restaurantes llenos de peregrinos, pero apenas si vimos gente en la calle y muchos menos en la iglesia, por no decir que nadie; quedamos en la terraza sentados ante otra birra, observando el quehacer de algunos rezagados peregrinos que, saliendo de visitar el castillo de Salas, ya iban camino del albergue.

En *Casa Pachón*, la comida es importante, eso sí, igual te cobra la cena que la comida, comas lo que comas. Digamos que el costo para el menú del día está muy bien, tirando a mucho en cantidad y platos, y por apenas 12 Euros con café, lo que para Asturias está muy bien, sobre todo dado lo que comes. Pero para la cena, digamos que un poco de sopa y un poco de carne asada para mí, y unas sardinas para Maki, resultó un costo oneroso, al menos para nuestras menguadas economías de jubilado y un parado.

Un buen retrato de lo que representa ese templo gastronómico salense, volcado hacia la *peregrinatio,* se puede leer en el blog *Viajad, Viajad Malditos*, y también en el post *Una atea en el camino Primitivo, impresiones,* unas referencias que recomiendo leer.

De este modo, sobrepasadas las 23 horas nos vamos a la piltra, eso sí ya finos, pues hicimos una etapa relativamente dura, que concluyó con unos 23 km., y con unos 700 m., de desnivel, y todo eso en 5 horas, en movimiento, y unas casi, 2 horas que dedicamos a las paradas.

CAMINO PRIMITIVO | 3ª ETAPA, SALAS-TINEO

Viator Horam Aspice... Por las míticas tierras vaqueiras

¡No sé para qué miro el reloj! Son las 5,30 de la mañana, y el personal *transilvano* empieza a *reburdiar* por las habitaciones. Dado que pienso disfrutar de la etapa, y el tiempo está neblinoso al menos por las mañanas, aunque por la tarde haya un buen retazo de sol, lo que en junio y en Asturias presagia más bien tormenta que otra cosa, me acomodo un rato más en la cama para resarcirme de los duermevelas, por los ronquidos de los vecinos y gozo por unos instantes ese ensoñamiento matutino.

Tras la huida generalizada, nos quedamos Maki y yo, empotrados en la mini cocina del albergue, desayunando los restos que fraternalmente nos han dejado, que es más bien poco.

Habiendo concluido la pitanza, le indico a Maki que si desea ir con el triunvirato canario, que acaban de salir mochilita en ristre, que lo haga sin problema alguno, yo iré detrás disfrutando del recorrido. Como contamos con la reserva hecha del próximo alojamiento, el albergue *Hotel Merás* de Tineo, pues sin problemas. Eso sí le recomiendo que vaya tranquilo camino de La Espina, y que haga parada en la cascada del Nonaya, que bien merece la pena ver el hermoso chorretón de agua, aunque dada la sequía es posible que baje menguada.

Salgo por la calle de Las Ondinas dirección Oeste, acomodando mis huesos y piernas al reto del día. Además, la subida a la orilla del río Bodenaya me gusta, y esta vez no será para menos el ir subiendo poco a poco hasta La Espina. Subo despacio y al poco llegó a la bifurcación de la cascada de Nonaya, por las huellas sé que el grueso de los peregrinos que van por delante no se han desviado a visitarla.

Lo cierto es que el chorrón de agua no es nada en sí mismo, pero a la visita se puede agregar la posibilidad de poder refrescarse, que fue lo que hice, como estoy solo, me quedo en un santiamén en pelota picada para darme un chorretón bajo el torrente de agua, lo cual me pone a tono en un instante.

El retorno al camino desde que uno se desvía hacia la cascada depara algo que casi nunca podemos ver, como son las obras de arquitectura para superar los diversos cauces fluviales, por eso, cuando se regresa de la cascada se pueden percibir las armaduras de los puentes de La Borra y del Carcabón.

Esto de los regatos y los arroyos, siempre fueron uno que los mayores problemas para los romeros, y como no, para los arrieros. De hecho, en la historia de la *peregrinatio* ha habido tantas gentes, varias y variadas, ocupados en facilitar los pasos fluviales, hasta santos hubo dedicados a la mejora de los pasos fluviales, que eran muchos y costosos. Y sino que se lo pregunten a santo Domingo de la Calzada, o sin irnos tan lejos, aquí en el Camino Primitivo tenemos a Pepín el de Colinas, que sigue armando sus muros de piedra seca para facilitar el paso de los peregrinos y amurando las fuentes para un mejor beber.

Una vez en el trazado jacobeo del Primitivo, sigo subiendo, y cuando pega dos revueltas con gran pendiente, me encuentro a un fornido holandés, al que bautizo como Ruud, el cual en su mal castellano, entiendo que se queja de la dureza de la ascensión, le respondo con sorna que un famoso guerrero, metido a las lides peregrinas como él, debe de entender que en Asturias solo hay dos dimensiones: *pa riba o pa bajo.*

Allí dejo al holandés sumido en sus lamentaciones, un poco más arriba me sitúo ante la carretera nacional N-634, la cruzo con cuidado, aunque la nueva autovía de La Espina, le ha quitado protagonismo. En todo caso, para no tener sustos, me sitúo en el lateral izquierdo, no hay arcén. Paso ante las ruinas habitacionales del Llanón, como parece natural totalmente saqueadas.

Busco el desvío yendo por la carretera adelante, tramo que se me hace largo, el giro se produce ante lo que fue en su día *Casa*

Servando, para de este modo seguir subiendo al pairo de la actual autovía.

Camino de Porciles, la autovía ha modificado en parte el trazado jacobeo original, voy cogiendo altura, y ya se contemplan el pico Aguión, cuyas cumbrales asoman por encima de los predios del pueblo de La Peña, más allá la Sierra de Las Palancas, por la que circula el antiguo Camino del Norte.

Sigo por el llamado Camin de Misa para de ese modo llegarme a la aldea de Bodenaya, antes fotografío su cruceiro, y su feo cementerio, y continuo hacia el afamado albergue de Bodenaya que en su dias levantara Alex, tan pequeño como coqueto, y donde echo de menos la presencia de su artífice, el cual debe de andar a sus quehaceres, dada las horas matinales por las que paso por el lugar. En la fachada del albergue, un cartel nos indica que aún quedan 256 km., para llegar a Santiago.

A estas alturas de la mañana, me conformo con sellar la credencial con el tampón que Alex ha tenido la amabilidad de dejar fuera. Hago algunas fotos a distintos detalles que me parecen curiosos, y sigo adelante por la meseta de la Espina, pues aún quedan kilómetros, y mi próxima parada ha de ser obligatoriamente en el cementerio de la Espina, donde deseo rendirle homenaje a quien fuera el último Presidente de la República Española en el Exilio, a Don José Maldonado, reputado republicano y hermano francmasón.

La Espina es tierra de frontera, donde se acostumbraba por parte de los caminantes antes de partir del hospital que tuvo, fundado por Valdés Salas, tomarle el pulso a la climatología, algunos al llegar a este ventanal de La Espina, sí los tiempos venían invernizos, buscaban seguir hacia Santiago, unos lo hacían a través del *Camino de las Ventas* y su continuación por el *Camino de los Vaqueiros*.

Otros parece que se iban más al Oeste , y desde la zona de La Pereda pasaban a San Salvador de Brañalonga y por Faedo y

Busmeón iban cruzando, sin perder tanta altura, como el camino de Brieves, o por el Fondal y Calleras ir cruzándose hacia Navelgas, y por Naraval pasar el sierro de Aristébano, que les dejaba ante la bonita bajada hacia Luarca.

Variopintos recorridos, el que dirigía hacia el Esva, iba por el entorno de Labio hacia Ferrera los Gavitos, lugar en el cual en día recalaron unos peregrinos alemanes. Estos al pasar por un precario puente, y arrostrando más miedo que valor, dejaron este texto: «Cuando llegamos al Puente que tiembla, éramos más de treinta juntos, tanto de valones como de alemanes, ;«y nosotros dijimos, «si os parece Compañeros marchad delante».

No sé si sería ese puente uno que hubo sobre el río Esva, por el cual se cruzaba en Brieves o Trevías, para subir a la ermita de San Antón de Concilleiro con la intención de ganar la Vereda de la Costa.

Sigo en solitario, pasando por delante de algunas peculiares construcciones, como la *casa de las conchas* con su grafiti, que muestra un minero saludador, y unos originales reyes magos.[2] Estamos ante la expresión del arte popular, como en su día fueron otras expresiones pictóricas las que predominaron.

Ya en el pueblo de La Espina, se impone una parada en la *meca* donde xaldos y vaqueiros se dan la mano para dedicarse al charloteo ante un vaso de vino tinto, y un trozo de chosco. Estoy hablando de *Casa Cándano,* en cuyo punto me encuentro con Maki y el triunvirato canario, todos ellos sentados frente a sus respectivas botellas de *San Miguel,* degustando el buen quehacer gastronómico que ofrece el bar tienda que ofrece una interesante variedad de embutidos y de viandas. De hecho, si no fuera porque tenemos reservado el albergue privado de Tineo, me llevaría unos callos de este establecimiento, que los tiene muy buenos.

---

[2] Hoy esta casa funciona como albergue para peregrinos.

Mi llegada anuncia a mis compañeros que deben reemprender el camino, y allí me quedo de nuevo solo, ante mi vasito de tintorro y un trozo del inevitables chosco, a modo de pincho, descanso merecido en esta conocida frontera entre Salas y Tineo, mientras escucho las chanzas entre los parroquianos. Concluido el tentempié me pongo en marcha, pues a partir de aquí el trazado que tengo por delante es algo que quiero disfrutar pese a tener que enfrentarme a sus famosos barrizales.

De la riqueza de la zona sabían mucho y bien los clérigos, una prueba de ellos es que en el siglo XIII el Hospital de la Espina no dependía de Oviedo, sino muy al contrario, del Arzobispado de Santiago.

A cuyo buen señor feudal, aunque fuera clérigo, el administrador del alojamiento, que por su explotación estaba obligado a pagarle al buen arzobispo gallego todos los años de dios, y por «San Miguel de septiembre, cuatro bueyes buenos...». Buenos servicios y dividendos debían dar tal alojamiento de caridad y sus propiedades, a juzgar por lo que se le pagaba al alto clérigo gallego.

Está claro, que los beneficios peregrinatorios eran no solo buenos, sino considerables, por ello el Obispo Gelmírez peleó y guerreó consiguiendo del Papa, no solo su ansiado arzobispado, pudiendo tener así su propia corte, sus clérigos, sus hospitales y los pedazos de iglesias que hay en pueblos de cuatro casas. Esto finalmente redundaba en magros diezmos y portazgos, que eran unos cuantos a lo largo de sus territorios y propiedades.

De La Espina, subí calmo por la Calea Arriba hacia Santo Tomás camino de El Espín. Quien ve estas *caleyas* y las había vio antes, cuando era necesario ir por encima de las *murias*, para poder evitar las escorrentías y los barrizales. Ahora se camina bien, sin apenas agobios, cogiendo altura suavemente para de nuevo descender a la carretera general, a la altura de El Pedregal, con su iglesia dedicada a San Cosme y San Damián donde sello mi credencial peregrina, retorno a los *carreiros* rodeados, subiendo hacia la alta ladera de la Sierra de Tineo, rodeado de una espesa fronda autóctona compuesta de buenos castaños y robles que cierran fincas y prados donde se ve alguna que otra vaca pastando.

Es una placer disfrutar de este paseo en solitario. Me detengo a dar un bocado, la neblina lo cubre y empapa todo, digamos que no hace frio, aunque es verdad que el sombrero vaqueiro me protege, y el *kufi,* que llevo debajo me mantiene fresco, algunos al quitarme el sombrero creen que están ante un rabino al confundir el gorrito con una kipá, otros piensan que soy un raro islamista que hace el Camino de Santiago a modo de una particular *Meca jacobea*, aunque ya lo dice el refrán: *ande yo caliente (fresco) ríase la gente.*

Por el camino no encuentro ni a dios, salvo yo y algún que otro vecino que me cuenta sus cuitas. A uno de ellos le comento lo astutos que son los tinetenses, pues son de los pocos que saben aprovechar las oportunidades del Camino sin parecer salteadores de caminos, y lo digo con respecto a negocios como los de La Espina, o con iniciativas como la del *Jardín del Peregrino* de la Millariega. Hasta hace poco solo solo conocía alguna iniciativa parecida en Villaviciosa, como el pequeño refugio del *Peregrino Cansau,* ubicado en El Fresno, concejo de Villaviciosa.

Un poco más adelante, me tropiezo con otro paisano, para más señas vaqueiro de alzada, el cual me adelanta que él nunca trashumó, ya que su familia siempre tuvo el ganado en los pastos de la Casa el Puerto (sierra de Tineo).

Tras una hora de charleta, sigo camino adelante, ya que la hija del buen señor le avisa, «que ya es hora de comer, y que ya estaba bien de dar la murga a los peregrinos». Una lástima para una vez que se encuentra alguien sin prisa y que le escucha. A modo de despedida me dice que, sí por él fuera, me invitaría a comer, pero que la casa es de la hija, y ya sabe «donde manda el ama no manda el señoritu».

Subo de nuevo, tras bajar a El Pedregal, pisando un tramo corto de la AS-216, para pasar a media ladera rumbo a Santa Eulalia de Tineo, intentando descifrar el horizonte, al Sur, donde creo distinguir las siluetas de Peña Manteca, Los Cadavales, y las Sierras de Tuña y Miranda, y poco más se puede vislumbrar.

Al final corono la campera de San Roque, patrono de Tineo, y me vienen al recuerdo las canciones de Rafa Lorenzo, una en concreto que habla de San Roque, la de *La liga verde,* que desarrolla la añorada grandeza de Tineo.

Después de una cerveza en el bar de San Roque, continuo hacia Tineo, y al entrar en la capital tinetense por el Camín de los Frailes, es toda una delicia. Al entrar en la villa saludo al viejo Campomanes, escribidor de aconteceres, lo mismo hice ante el busto, que se erigió en su momento, a otro hijo de Tineo como fue José Maldonado, ni las ya desdibujadas bandas republicanas del monolito hacen pensar que estamos ante el monolito dedicado al último presidente de la República Española, que fue hijo de esta villa.

Le pedí a un señor que pasaba en ese momento por allí, que me hiciera una foto ante el monolito a Maldonado, y el circunstancial fotógrafo que era foráneo, me preguntó sobre dicha efigie. Quedó sorprendido al indicarle, en medio de la aquiescencia por parte del vecindario que por allí transitaba, que se trataba de un singular personaje, en sus grados y cualidades, que entre otras cosas además de haber sido alcalde de Tineo, fue Presidente de la República española en el Exilio, siendo quien entregó los poderes republicanos con la llegada de la democracia en 1980 a España.

Ya lo decían los antiguos, «un pueblo que olvida su historia es un pueblo sin futuro».

Nosotros , al menos en Asturias, siempre hemos apostado por comprar todos los boletos de la lotería del olvido, incluso la efigie de otro grande de Tineo, la del General Riego, a cuya memoria se colocó en su día una placa en un balcón, que hoy amenaza con venirse abajo, al igual que su casa en Tuña, y su recuerdo es más una enseña de aniversario que otra cosa. Asturias tiene tirados por casonas, cementerios y fosas viejos liberales y republicanos de la Asturias Ilustrada, más de los que uno puede a imaginar

Entrar en la villa de Tineo es recibir, esa dura lección del olvido: Campomanes, Maldonado, Riego... la flor y nata de los liberales españoles, hoy son parte de un oscuro olvido.

Los peregrinos que deambulan por el pueblo lo ignoran todo, o casi todo, aunque nada les apercibe de la importancia de la mullida historia de Tineo, la cual no se entiende sin los mencionados prebostes, y otros tantos más, que fueron legión.

Finalmente entro en el amplio Hotel *Palacio de Merás*. Dejo de la el remedo de un viejo albergue como el Mater Christi que tuvo intensa vida en el siglo XIV, el de hoy es municipal, pero la oferta es la que es, y el alojamiento de Merás es todo un aliciente, en el cual se me hace extraño penetrar con estas trazas de peregrino embarrado, y en tales galanuras alojativas. Pero es lo que hay, un albergue por 10 E, y en un palacio de esta alcurnia, con baño turco, sauna y agua a chorros, no se ve, ni se disfruta todos los días. Es una oportunidad que no se pueda dejar pasar.

Antes de la cena me veo con Maki, invité a este a dar una vuelta por la zona para que conociera, entre otras cosas la *Casa de los Garcia de Tineo*; y como no, la que fuera sede del gran monacato franciscano que tuvo Tineo, y que tanta proyección en el Suroccidente asturiano, pues su importancia se deja notar en las diversas iglesias y capillas de los concejos limítrofes, donde se pueden ver muchas imágenes de santos y beatos vestidos o tallados a la moda franciscana.

No en vano, se dice que este convento de San Francisco del Monte, fue fundado por el propio Francisco de Asís, camino de Santiago, ahora ya no es más una iglesia parroquial, y un curioso museo de piezas religiosas, que contiene diversas imágenes de Santiago, San Roque, San Miguel, etc.

Al recorrido nocturno por Tineo se nos une unió uno de los peregrinos canarios: Eliseo, el cual quedó sorprendido por las casonas, y los impresionantes escudos tinetenses, etc., y nos decía lo difícil que era para él, entender que un pueblo tan pequeño hubiera tanta casona ilustre.

Ya sabes compañero peregrino, que en Asturias había muchos hijosdalgo, aunque pobres como las ratas, pero eso sí todos de noble cuna, la importante colección de escudos de muy distinta construcción y expresión y época, repartidos por toda la villa de Tineo lo demuestra. Como dice el amigo y *hermano* Paulino Lorences, en ocasiones «es más grande el escudo que la casa».

Hasta tal punto llegó la nobleza de Tineo, que entre las variadas leyendas que se relata acerca de las cosas singulares de la villa, entre sus tesorillos se cuenta que había un alfanje que el mismo pirata Barbarroja llevaba ceñido cuando lo mató uno de Tineo, en concreto un tal García Fernández de la Plaza, por cuyo mérito Carlos V y Felipe II, le concedieron el privilegio de firmar como García Fernández de Barbarroja, además del privilegio de ennoblecer su casa, o sea el palacio de Merás, con un escudo de armas en cuyo segundo cuartel se haya representada la cabeza de Barbarroja, orlada por otras cinco cabezas correspondientes a los capitanes otomanos que le acompañaban; el cuartel del blasón se complementa con el lema «*Onnia Vincit Virtus*». ¡Eso cuentan!

Tal vez para dar explicación acerca de esos elementos en el escudo oficial de Tineo, se añade que en el antiguo convento franciscano se conservó el alfanje y la bandera que le arrebataron a Barbarroja en la batalla de Orán los de Tineo. Lo cuenta muy bien José Luis Chacel en su artículo *Recepción a los hijos del rey Tremencén*, en su crónicas de prensa, acerca de la Rutas del Carlos V por Valladolid.

Yo ni quito ni pongo, pero doy gracias a tal elocuente matador, por el palacio que fundó el de Merás, en cuyo alojamiento me he resarcido de la bursitis del peroné, y todo ha sido debido a ir pisando más mal que bien.

Los amigos peregrinos que deambulan por el pueblo no parecen estar tan interesados en las historias políticas y sociales de Tineo, ni por supuesto yo los vi interesados por las antigüedades de las villas por las que hasta ahora hemos ido pasando: Cornellana, Grao, Salas...

Al final quedamos tras la cena, reunidos a modo de una pequeña troupe en el bar del hotel, allí varados en medio del tráfago de la TV, que estaba reportando un partido de fútbol, luego como es natural unos parroquianos charlaban al alto la lleva, los distintos móviles de unos y otros funcionando, más la cafetera, el molinillo del café, los platos...etc... Ésta es la Asturias de los monacales silencios, o sea un infernal ruido de fondo en casi todos los lugares.

Llegado este momento, creo que ya era hora de ir camino de la espaciosa y bien cuidada cama que nos deparaba el lujoso albergue, diseñadas a modo de literas ferroviarias. O sea, un cubículo que da acceso a cuatro literas en bloque de dos, las cuales ocupamos, Eliseo, Maki y el que suscribe.

Para las horas de recogimiento hubiera querido traerme el libro de Miguel Barrero: *Las Tierras del fin del mundo,* para de este modo entretener el tiempo antes de dejarme inducir por el batir de alas de Morfeo. El peso en la mochila, es un hándicap, que me ha hecho cambiar la literatura por el Cuaderno de bitácora.

Dada la hora cierro el diario de viaje con esta latina frase: *VIATOR HORAM ASPICE ET ABI VIAM TUAN* (Caminante, mira la hora y sigue tu camino).

La etapa de hoy, supuso realizar una etapa de unos 22,2 km., con un desnivel acumulado de 802 mts, eso sí con unas cuantas paradas, que al final supusieron casi 3 horas de pausa, y con 5 horas y 15 minutos de andadura.

No está nada mal, *pa un paisano pequeñu, que se va gastando por los pies.*

CAMINO PRIMITIVO | 4ª ETAPA, TINEO-POLA DE ALLANDE

«El Perfume...» misterios, gastronomía y peregrinos...

Como suele ser habitual en estas lides del peregrinaje, el personal *transilvano* antes de que cante el gallo, ya está dando la lata con sus idas y venidas al baño, con las mochilas y el rumrum de las cremalleras, sin olvidar los ruidos de las consiguientes bolsas de plástico. Este ritual diario adorna nuestro levantar peregrino.

Cuando finalmente llego a la cafetería del hotel, Maki ya está preparado para salir. Le repito lo mismo de siempre, que tire millas y hoy más que nunca, ya que hoy no contamos con reserva de albergue, y debería ir por delante para asegurar un par de plazas en el albergue Municipal de Allande. Pues mucho me temo, que por las etapas debemos de transitar entre unos 75 a 100 romeros a Santiago, incluidos en ese computo los susodichos canarios, en cada etapa, y eso es mucho para la capacidad de alberguista de algunas villas.

Salgo por las empinadas Las Canteironas arriba, en cuyo transcurso voy recogiendo a diversos peregrinos rezagados, lo cuales suben como bueyes cansados. El cuestarrón de salida es de los de aúpa; entre las unidades que alcanzo está el extraño grupo de los famosos mineros de la marcha a Madrid, los cuales van cargados hasta las trancas, no sé si será el efecto de las bolsas protectoras de las mochilas, pero los petates parecen inmensos en volumen, y parecen contener también mucho peso. Llevar las cosas adecuadas y necesarias, tiene su ciencia.

Pero decirles a estos buenos paisano como deben de hacer la mochila, y sobre todo, que deben llevar lo justo y necesario, es un desafío. Hacer el petate con lo esencial, es todo un arte, y para logralo, solo hay dos caminos y cierto desapego a las cosas para dejar aquello que pudiera ser imprescindible.

Luego está la gran técnica de los veteranos viajeros ingleses, que para evitar dichos excesos, estos pesaban meticulosamente cada artículo que querían llevar, y confeccionaban largas listas con el peso de cada una de ellas, pesando hasta las tarjetas de visita, incluidos los lápices. De esta singular manera podían determinar bajo un criterio tan objetivo, como era el peso, y luego procedían sumando a ello otros criterios, como son la necesidad y la conveniencia, a seleccionar su equipaje.

En el camino hacia Piedratecha me encuentro con la *cabana de Pana*, al que me hubiera gustado saludarlo y tomar un café de pota, y parlotear con él, como otras tantas veces, recordando a los amigos de aquellas antañonas batallas comunes, los cuales vamos perdiendo en el transcurso de la vida, tal vez por esa razón Pana, se auto denominó el *Último de Filipinas de Tineo...*

Me extrañó no toparme con él en Tineo, aunque ya me dijeron más tarde que estaba enfermo. Digamos que los años no perdonan.

Después de esta arrancada un tanto urbana, el itinerario se transforma y deja paso a bellos caminos que apenas hoy dejan ver la hondura del valle, ni los dulces parajes que cierran el horizonte tinetense. Apenas si puedo vislumbrar los parajes más familiares, y ya no digo los fieros crestones de la Cordillera porque esos ya ni los intuyo.

Hoy nada de todo eso se puede ver, más allá del vestigio antrópico que se encuentra a cada paso del camino, ese testigo tan presente actualmente en los caminos peregrinos, que se produce a la hora de la meada, de cuyo testigo de cargo queda el blanco pañuelito.

Se puede decir que hoy todos los trayectos hacia Santiago están invadidos de tales toallitas, en cada rincón, en cada recoveco. Es una plaga, aunque no deja de ser una buena cosecha para la captación de identidad mediante el ADN de los *mexiones,* los cuales dejan tal huella al limpiar la regaña, y como no, también de las *mexionas,* cuyo uso se distingue por lo impoluto del pañuelito, tras limpiarse el *kiwi.*

El Fado andante. Isabel y sus cantos...

Poco a poco voy ganando altura por el caleyón empedrado. Sobre cuyos pétreos lienzos se dejan ver las huellas de sus antigüedad y el paso de los carretones. Cuando llego el Alto de La Guardia, me encuentro con una peregrina cantando un fado, a la vez que mantiene una extraña pelea con su largo foulard y la volandera capa blanca para la lluvia, que por cierto la fina patina de la niebla, nos iba calando nada más salir de Tineo.

La imagen era para ser vista y oída, de lo cual tuve la oportunidad y la gozada de disfrutar, de cómo Isabelle, una peregrina natural de Oporto, matemática de profesión, aunque jubilada, y de frágil silueta pero perlada de una amplia sonrisa, rematada todo el conjunto con su indomable pelo, cortado según la moda de los años 70, a los *garçon*, terminaría formando parte de nuestra troupe por unos días.

Esta era una peregrina que no tenía controlada, y por tanto ignoro de dónde había salido, o cuáles fueron sus etapas. Isabelle es de esa clase de peregrinos que a modo de versos sueltos vagan por el Camino, a modo de fluctuantes «apariciones». Tan pronto aparecen como desaparecen como por ensalmo o arte de magia, Ni que decir que meses más tarde hicimos un viaje juntos desde Fonsagrada a Oviedo, y conocí y sufrí su peculiar hacer peregrino.

Concluido su fado, acudí a ayudarla con su foulard, su capa y su mochila, tras lo cual fuimos caminando juntos un buen trecho, aunque ella andaba ligera y un tanto alocada en sus andares, pues su poco peso corporal y la escasa mochila le permiten tener esa velocidad de crucero que lleva. Eso sí, en el primer cruce o desvío del recorrido ya está perdida.

Una vez cruzada la AS-218, para entrar por La Cuesta hasta el desvío del Monte el Cierru, nos encontramos de nuevo con el grupo de peregrinos «mineros», los cuales habían cogido un atajo y se entretenían haciendo fotos, aquí y allá, sobre manera se mostraban entusiasmados por las enormes telarañas perladas de lágrimas del orbayu mañanero, pues la encainada había sido gorda.

Obona y sus misterios

Les solté a los mineros una gracia, que no resultó muy de su gusto, tras ver los caretos que me ponía, estaba claro que no había empatía. En todo caso les dejé a Isabelle como prenda por la ofensa, y me fui corriendo a visitar los restos del cenobio de Obona. Estando enfrascado en mis notas, comprobando que el monacato sigue igual o peor que hace años, y sin apenas poder despejar sí el misterioso Adelgaster, fue un hecho real o una leyenda que le vincula como fundador de este monasterio e hijo del rey Silo.[3]

Siempre me ha hecho gracia conjeturar al tal Adelgaster, que hay quien dice que fue el autor del famoso del acróstico del famoso Silo, [4] incluso la novelista Matilde Garcia Mauriño, [5]le concede a este supuesto príncipe, ser el autor del famoso *Beato*, que se atribuyen a Beato de Liébana. A lo que iba, pues eso, verle correteando tras su amada Doña Brunilde, por entre las brumas de Obona.[6]

Pues en esas estaba, cuando llegó el grupo de «mineros» peregrinos, los cuales visitan por turno los restos del que fuera en sus lejanos tiempos un importante cenobio. Tan importante llegó a ser, que Alfonso IX, en el 1222 concedió a tal monasterio la exclusiva del alojamiento de caridad en esta parte del Camino, supongo que algo tendría que ver el nutritivo negocio, que era ya en aquellos tiempos el paso de peregrinos.

Es indudable lo que tales prebendas repercutían en las distintas economías, por ejemplo generando las distintas ocupaciones: hospitales, y hospitaleros, mulas y jamelgos que por excelencia contarían con buenos herreros, vendedores de viandas, de vino y grano, y hasta de vieiras para lograr el reconocimiento peregrino. Se cuenta que en algunos lugares, como Compostela, hubo rencillas

---

[3] Documento fundacional monasterio del Monasterio de Santa María de Obona (Tineo), del 17 de enero del 781, dice que fue fundado por Adelgastro y su esposa Brunilda. Adelgastro se refiere asimismo como *Ego Adelgaster, filius Silonis regis*, es decir, como hijo del rey Silo.

[4] La losa original era una piedra caliza con unas dimensiones de 53 cm de largo por 42 cm de ancho y un espesor de 12 cm formada por 19 columnas y 15 filas con 285 letras grabadas en capital romana con la frase «SILO PRINCEPS FECIT» (Lo hizo el príncipe Silo). Partiendo de la «S» central la combinación de las letras de columnas y filas dan un resultado total de 45.760 repeticiones de la frase.

[5] *La Silla del Rey*. Edicion de la autora. 2009, también puede llerse algo sobre Obona en la novela de Xuan Bello: *Historia universal de Paniceiros*.

[6] Según Jose María Cuadrado. Antes de que finalizara el siglo, en 1591, los supuestos fundadores de Obona o sea, el príncipe Adelgaster y doña Brunilde, fueron reunidos dentro de un sólo arca de piedra en el centro de la capilla mayor de la iglesia de Obona.

judiciales entre los artesanos y la iglesia, por del patrimonio en cuanto a la venta de tales prebendas peregrinas.

Lo cierto es que por Obona, es de pensar que no debía pasar ni dios, pues tuvo que ser un edicto del rey quien obligara además al paso por dichos parajes, y tener que abandonar otras rutas para cumplimentar pleitesía al rey y al abad, y llenar de paso sus arca mediante los diezmos.

Por esos motivos se dejaron de transitar los históricos pasos tinetenses, o sea los más confortables y menos cuestudos, como eran los que iban por las tierras de Mirallo y Celón.

A esta zona debían llegar poco visitantes, y menos aún que vinieran a poblar los alrededores del monasterio, lo que debió de motivar que el abad y los monjes de Obona, tuvieran el privilegio del llamado *us primae noctis*, (derecho de pernada), o sea beneficiarse a las mozas casaderas durante una semana tras del desposorio.

Ha de entenderse que ello no era tanto por la coyunta con las mozas a punto de casar con alguno de los siervos, que también, sino que por tal singular medio, y tan gozosos momentos, para nobles y altos clérigos, se aseguraban de que el cenobio superviviera.

Contar con mano de obra suficiente para defender los derechos señoriales del rey o del abad, y aunque la mitad de la plebe fueran hijos/as bastardos, no por ello dejaban de ser parte de la sangre del señor feudal de turno, fuera noble o abad... y por aquello de que siempre podía caer alguna breva.

A las ruinas de Obona llegaron no tardando mucho los aguerridos peregrinos (mineros), y en formación cuasi militar, pues tuve por creído que de sus mochilas sacarían picos y palas para adentrarse en el cenobio, e ir en busca del famoso tesoro de Obona. A este se llega, según las leyendas, a través de los famosos túneles secretos que dicen que tuvo el cenobio, pero hay que tener cuidado con los fantasmas y con un tal Zamplarrampa, y mucho cuidado con lo que se desea, pues este fue un cenobio duro, donde la autoridad abacial tenía potestad para ejercer juicio de Cuchillo y Horca, y por cierto, aviso, no es el primer peregrino, ni excursionista que acampa en los pardos del monacato y en plena noche sale huyendo.

Como se puede comprobar, el Camino también tiene su parte oscura, lo que en no pocas ocasiones se obvia en pro de poder construir la clásica *Vulgata Jacobita*. Por ejemplo, casi siempre se nos muestra a un pacífico Santiago peregrino, sin embargo proliferan las esculturas y pintura que muestra a un sanguinario Santiago alias el *Matamoros*. Con dicha figura y mitificación, jugó el franquismo al potenciar una vez más un combativo patronazgo santiaguista contra los rojos y ateos.

Obona, como monasterio, jugó un papel importante al juntarse con los ricos herederos de las tierras ribereñas y anexionar estas las propiedades monacales, recuperando para dichos trabajo de gobernar predios a los bastos hijos de la *pernada*, los cuales fueron conformando buena parte de las « las nobles varas hidalgas» de la zona.

Dejo el destartalado monasterio de Obona en paz y armonía, para proseguir mi camino pasando por encima de la riega Deina, hasta llegar a Villaluz, donde pruebo las aguas de la *Fonte del Matoxo*, de la cual, el buen fraile Feijoo se hacía acarretar jarras con tan exquisito elemento a Oviedo. Ya le valía al buen benedictino.

Situado al pie de la ermita del Cristo, y como es natural en mí, me entretengo con el paisano que vive enfrente, y como no podía ser menos, terminamos hablando de la ruta de Hospitales, el cual me reafirma en mi decisión, al indicarme «en que más allá de la tarde de mañana no se verá nada, que antes descargará la tormenta y luego ya se verá..., pero si usted sube por ahí no verá más allá de la punta de los zapatos». Buen consejo del que tomar nota, pues no en vano el paisano de marras lleva viviendo al par de estas sierras unas buenas décadas y tratando con peregrinos, a quienes en su vaquería les sella la credencial.

La puesta a punto del negocio del Camino en Tineo

Continuo el paseo por las tierras de Tineo, yendo desde Villaluz a través de Vega del Rey y Verrugoso hasta desembocar en Campiellos, lugar donde me encuentro de nuevo a Maki y sus amigos, como no, sentados ante sendas botellas de *San Miguel,* en la terraza de *Casa Ricardo,* cuyo propietario me habla de la expansión del negocio y del aumento de peregrinos.

Maki y sus amigos, en cuya grupeta estaba incluida la andarina Isabelle, se levantan y siguen camino a Pola de Allande, pues Isabelle ha dejado al grupo de mineros al mando del sabiondo capataz que ejercía de general en jefe, que no sabemos sí siguen cavando o han sido devorados por el llamado Zamplarrampa.

Una portuguesa y ahora una americana en el Camino...

Tras lo conversa y la ingesta del té, me pongo en marcha pisando de nuevo el asfalto hasta llegar al desvío del Espín, aquí me desvío durante 1,5 km., hasta la vieja ermita rural de Orrea, la cual se haya dedicada a San Salvador, quería ver sus estructuras, pues son más que escasas, al menos en Asturias, las ermitas o capillas dedicadas a tal advocación, por lo general están vinculadas a antiguos monasterios e iglesias, levantadas mucho antes del siglo IX. En esta ocasión de trata de una pequeña capilla rural, la cual contine tres imágenes muy rústicas y artesanales, una de ellas representando al Salvador.

Al volver de Orrea, me encuentro con un grupo peregrino que se baja de una furgoneta, lo cierto es que los había visto cenando en el Hotel de Merás en Tineo, hablaban en inglés, aunque también algo en castellano. Coincidió su recorrido con el mío, y caminamos unos metros juntos, y si bien creí que se trataba de una familia extranjera emparentada con algún autóctono.

La realidad resulto ser otra, era un grupo pequeño realizando una parte del Camino, guiados por una americana (Judy Colaneri), la cual venía desarrollando su trabajo de guía bajo la bandera de enganche de *Spanish Steps Camino Tours.*

En ese breve contacto, intercambiamos saludos y algunas otras informaciones camino de Borres, hablamos sobre mi trabajo de hace años en la puesta en valor de la Senda del Oso, y de su trabajo llevando clientes como guía. Le comento alguna cuestión sobre el *Camino de la Reliquias* que pasa por su tierra de adopción, el Concejo de Quirós, y le refiero el fracaso institucional que supuso solo plantear una propuesta peregrina y caminera a través del concejo de Quirós, ello suponía de mano conectar Oviedo con el *Camino Olvidado* a través del Camino de los Garrafes que permite subir hasta la famosa ermita de Trobaniello, de la que tanto escribió, en su día el ilustrado Jovellanos, y cuyo anteproyecto quedó en aguas de borrajas..

Los Hospitales. La apuesta de los modernos peregrinos

Me queda por delante un tramo de asfalto hasta llegar a La Mortera de Villarmide, en donde hubo en su tiempo otro hospital, dependiente de la mitra compostelana. Este es el enclave donde los dos itinerarios del Primitivo crean la disyuntiva, por la derecha va la traza de *Los Hospitales,* que rehúye blandenguerías romeras, ya que requiere *gentes recias,* me dijeron un día de tantos, unos aguerridos neorrurales moradores de estas tierras.

Por mi parte, sigo en tal enclave de frente, por el llamado Camino Real de Galicia, ramal que se dirige a Pola de Allande. Puede parecer mentira, pero es la primera vez que voy a hacer este tramo de Borres a la Pola, después de haber atravesado un montón de veces la sierra de Fonfaraón, realizando diversos recorridos pro las distintas calzadas romanas de la zona.

Me paro unos instantes, detrás de mí, supongo que no vendrá nadie más, salvo Judy y sus clientes, pues los exmineros, se quedaban en Borres, pues ellos se consideraban gente recia, y atacarían sin problema al día siguiente la etapa de Hospitales.

Pese a mi insistencia al tema climatológico, y referirles lo comentado por el paisano de Villaluz, acerca de subir a tales sierras, estos recios y exóticos romeros, pasaron de mis consejos y se quedaron en el albergue a descansar, y en el que entré a sellar la credencial, dejando a su vez algo escrito en el libro de firmas y saludas, encuentro la nota de la primera peregrina nipona (Hiroko,) que pasó por estas latitudes en julio de 1999. Digamos que ya llovió desde entonces.

Sigo caminando rumbo a Porciles, a la vez que reflexiono sobre la etapa de *Hospitales*, y como esta se ha ido constituyendo en una especie de *Etapa estrella del Camino Primitivo,* hasta convertirse en la gran luminaria que debe brillar en el pasaporte del sufrido peregrino que realiza el Camino Primitivo.

Doña Josefa Sanz, indica que a buen seguro que los antiguos peregrinos estimarían subir por Valparaíso y Fonfaraón, que son los hospitales que jalonan estos sierros, hasta alcanzar el Palo o Montefurado.

No estimo yo tal cosa, pue los peregrinos requerían sobre todo seguridad y solidaridad, y eso en una sierra sin pueblos, un crestón largo y duro, que se pone en más arriba de la cota de los 1.100 mts , que es barrido por los cuatros fieros vientos que existen, y donde tan pronto te puedes deshidratar de calor, como quedar helado en apenas unos minutos, no es el recorrido ideal para peregrinos que no conocían estos ásperos territorios.

Pero hay tanto peregrino que sueña con osos y caballos salvajes, los cuales prendidos e impresionados por los cambiantes paisajes de Fonfaraon, que esta etapa se ha puesto de moda, y realizarla aún en las más duras condiciones, parece marcar postura de veteranía, hasta en su momento de editaban camisetas, con el lema de «Yo hice *Hospitales*»

No niego que los juegos de las nieblas, los recios vendavales que asolan estas desnudas crestas, incluso la dura solana, no deja de ser para muchos una experiencia excepcional. Es decir, es la rutina peregrina -más salvaje- que pueden vivir los peregrinos que realizan el Camino Primitivo, pero la altitud, la engañosa tranquilidad de estas cordales, pueden convertirse en una trampa cuasi mortal, a poco que nos descuidemos.

Por mi parte, sigo caminando por el ramal que va hacia Pola de Allande con un primer objetivo: alcanzar la famosa Venta de Porciles, topónimo que en Asturias se repite en bastantes ocasiones. Por la zona que ahora paso se deja notar la falta de señales, lo cual induce a pérdida. Consulto las fotocopias que llevo de los rutómetros de Xurde Morán, autor de notables guías camineras, que me dan las pistas necesarias para seguir con seguridad el trazado.

Porciles, el buen saber de los vaqueiros como reza el cartel: «más lejos, más caro»

La sorpresa salta como las liebres, cuando estoy llegando al bar de *San Roque* en la Venta de Porciles, desde la distancia diviso a un grupo de gente que me resulta familiar, allí está mi hermano Maki, y sus compañeros: Eliseo, José y Miguel, más la nueva incorporación de Isabelle, los cuales no se creen que vaya pisándoles los talones.

Como voy a medio comer, aprovecho la parada y me sumo al picoteo que se convierte en una auténtica merienda: caldo de cebada que aporta la *San Miguel,* un poco de chosco de Tineo, y pido al ventero que saque unas latas de mejillones y sardinillas, comida típica de los ganaderos, que acompañamos con un generoso queso manchego que llevo en la mochila, y lata de *foie* ,del bueno que me quedaba. Así se organizó la manduca con el correr de la cerveza y la bota de vino, que en esta ocasión portaba Maki, pues ya se sabe que el «vino es alimento de caminantes» y lo remachaba el refrán que dice a «mala cama, buen colchón de vino».

En el arcón del olvido me quedó contarles a mis contertulios dónde estábamos. Pues, en Porciles. Donde es imperdonable no visitar al Sr. Boto. Levantamos el campamento y paso a saludar a tan señalada personalidad, sobre él escribió un buen retrato, un compañero titulado: *De Cambridge a Porciles.* Pero desgraciadamente, el chiringo lleno de lucecitas led, estaba cerrado y su propietario andaba de viaje.

Reemprendida la marcha, nos vamos hacia el Alto de Lavadoira, zona interesante pues desde aquí partía o llegaba la vieja traza romana que iba hacia la zona alta de la sierra. Esta vía se la denominada *La Antigua*, y tenía objetivo unir a través de un recorrido cómodo y factible el Alto de Lavadoira con el Alto de la Marta donde estaba la mina de Las Fleitas donde se extraía el mineral mediante la «ruina montium»,o sea echando abajo el monte bajo la excavación de diversas minas que luego se derrumbaban. Un mineral extraído por lo esclavos al servicio de los romanos, que bajaba bien, hacia Lavadoira o hacia Montefurado, y no por Fonfaraón abajo como algunos suponen

Los posibles peregrinos, un vez llegados desde Borres a La Marta podían, y pueden seguir, hacia la aldea de Montefurado por el camino de Vallinadosa pasando por Las Fleitas y la cueva de *Xan Rata.*

Vuelvo a Camino Real de Galicia, esta vez el grupo de amigos peregrinos no me deja atrás, ya que en nutrida formación bajamos todos juntos hasta la gran villa de Pola a través del vertical descenso que desde el Alto de Lavadoira pasa por los predios de Ferroy.

El itinerario lo vamos aderezando con conversaciones sobre singularidades familiares, en las cuales salen a relucir los molinos, la industria cigarrera canaria, lo que inevitablemente nos lleva hasta la fábrica de la Tabacalera en Gijón, donde parte de nuestros femeninos ancestros, fueron parte de la alcurnia molinera gijonesa con mi bisabuela al frente, pero la mayor parte de ellas, fueron cigarreras, entre ellas, y que yo conozca estaban: mi bisabuela Adela Álvarez Entrialgo, la tía abuela Aida y sus dos hijas, y como no, también la abuela Armida o sea trabajadoras de la vieja fábrica de tabacos de Gijón denominada La Tabacalera.

Indianos... pobres y ricos...

Entramos en la Pola de Allande pasando por delante del Cuartel de la Guardia Civil, justo detrás está el albergue municipal, al que se ha desviado Isabelle para coger cama, ya que el grupo canario contaba con reserva alojativa en el hostal *La Nueva Allandesa.*

Pero al resto nos resultó imperioso tomarnos el cotidiano refrigerio de malta, bebida clásica entre las gentes del bordón. Ya refrigerados, por nuestra parte Maki y yo, retrocedemos para subir hasta al albergue donde nos recibe Isabelle y su nuevo compañero, un amable peregrino cántabro. Estos nos muestran la instalación y nos convidan a la cena comunal que están preparando, pero amablemente renunciamos puesto que el plan de hoy estaba en darnos un homenaje en el restaurante *La Nueva Allandesa,* con los compañeros canarios.

En cuanto al albergue municipal, lo encontré un tanto desvencijado, al menos en lo que respecta a la camas, por lo demás pasable.

Los moradores del albergue municipal, casi todos son extranjeros, entre ellos una rotunda alemana y su hija. Estas se paseaban por el lugar vestidas solo con una camiseta y una mini braga sin inhibición alguna. Indudablemente la madura tiene buen tipo y buena flexibilidad, dados los retorcimientos para curarse los maltrechos pies, amén de las dos garrapatas que tenía detrás de la rodilla, una vez le indique la existencia de tales bichos, procedí a la extracción, cuya picadura les hacía rascarse continuamente. Una vez curadas, el pago del servicio fueron unas sonrisas, de este modo, nos sentimos pagados y confortados unos y otros, puesto que ninguno hablaba la lengua del otro.

La Pola, en el paseo, antes de la cena, nos permite entrever la presencia de casonas levantadas por los llamados *indianos,* cuyas edificaciones se complementan con densos jardines llenos de magnolios y palmeras, a lo que hay que sumar las obras comunales, que tales benefactores desde allende de los mares impulsaron dotando estas olvidadas zonas en las que nacieron; escuelas, fuentes y lavaderos... etc.

De las *Américas,* a los que volvieron se les denominó *Indianos*; pero no todos volvieron ricos, incluso algunos se quedaron allá varados en su desgraciada pobreza, y otros muchos quedaron allá, anclados a sus nuevas familias defendiendo su futuro, en Cuba en Puerto Rico en Filipinas, etc.

Pero, no es menos cierto, que los astures somos gentes que fuera de nuestras tierras nos crecemos y peleamos por la capacidad de emprendimiento, cosa que cuando uno llega al terruño es como si se le congelaran a uno las ganas y las ideas de hacer algo. Decía un viejo profesor que «los astures somos mala gente para con nosotros mismos».

La fraternidad peregrina ... un destello.

Volviendo al albergue, dejamos el dinero correspondiente a nuestra estancia al amable peregrino cántabro, para que este pagara a su vez al hospitalero, cual no fue nuestra sorpresa, cuando al regreso de la cena el buen samaritano salió de su cama para entregarnos un papel firmado por el hospitalero, certificando que había recogido nuestros donativos. Eso es preocuparse de los demás.

La inevitable referencia. *La Nueva Allandesa.*

Hablar en Asturias y de Allande, es evocar la potente imagen gastronómica que desprendía en tiempos atrás, un establecimiento como *La Allandesa.* Fue un colmado de referencia entre los lugareños que bajaban al mercado de la Pola, siendo su cocina muy apreciada entre viajantes, arrieros, buhoneros y viajeros y trotamundos, y los lugareños que poblaban su comedor en los dias de feria, y solemnidades varias.

Su plato estrella siempre fue el repollo relleno de carne, el cual dejó una marca imborrable en mi memoria, desde un viaje que hicimos mi compañera y yo por el Occidente asturiano en bici de con alforjas, allá por 1985. Recuerdo haber devorado aquel emberzado de carne, que me parecía enorme, pero siendo honesto, con treinta y tantos años menos, de aquella digería cal viva...

Hoy en día, el restaurante *La Allandesa* ha cedido su lugar a la *Nueva Allandesa,* que sigue estado en manos de la misma familia, y sigue siendo una institución en el Occidente asturiano.

Aunque ya no es el lugar de postas de antaño, se mantiene fiel al cambio de los tiempos. Un nuevo punto de encuentro, cuyo escaparate nada indica que se den las excelencias gastronómicas de las guisanderas, pero se dan en un grado superlativo. Aunque tampoco es que la zona (hablo del año 2017) ofrezca un gran oferta de restauración.

Aunque dicho establecimiento ha pasado por tiempos mejores, sigue siendo en la actualidad un establecimiento que mantiene aquellas esencias de antaño, pero al gusto de hoy, que no desmerecen su fama y su buen quehacer, y como no, su buen precio. Aunque yo, con Geli de siempre tengo la eterna disputa entre lo que yo quiero comer y ella me quiere dar..., cuya refriega a modo de entremés social entretiene a los compañeros de mesa, y añade un toque teatral a la experiencia culinaria.

Tras las viandas a base de emberzados y otras delicatesen de la tierra, pasamos a los pertinentes chupitos, y como no, llegaron los consiguientes brindis, que alcanzaron a los rezagados peregrinos que aún pululaban por el comedor. Geli, como de costumbre, impuso el toque de retreta, yendo cada mochuelo a su olivo, el nuestro al albergue donde Isabelle como buena guardesa, nos abrió la puerta, yendo directos a la piltra, pues mañana será otro día.

En esta ocasión, entre pecho y espalda, nos metimos una ruta de unos 29,4 km., con un desnivel acumulado de 884 mts, habiendo movido las patucas unas 6 horas 30 minutos, incluyendo generosas paradas que sumaron unas 3 horas y 30 minutos. No está mal para un día de camino.

CAMINO PRIMITIVO | 5ª ETAPA, POLA DE ALLANDE-BERDUCEDO

Apuestas y tormentas... y atajos con trabajos...

La noche fue tranquila, y el descanso, reparador. Al despertar y hacer recuento de los romeros presentes, ya notamos que los *transilvanos* habían sumado miembros a sus huestes, como Isabelle y las féminas alemanas. Las previsiones meteorológicas para esta etapa estaban indicando tormentas, y eso incitó al personal del bordón a salir temprano para evitar mojaduras.

Es fascinante la atracción que ejerce entre los peregrinos este viejo Camino Primitivo *a uña de caballo por del rey Alfonso II,* como califica alguna novelista, y aunque haya quien lo considera un simple ramal segundón en el desarrollo de los Caminos a Santiago, no deja de tener su singular dificultad y una belleza inconmensurable , haga por donde se haga.

Las prisas de los romeros

Arreglados todos los enseres mochileros, salgo con Maki del cuartelero albergue de Pola, para dirigirnos a *Casa Vitoria*, donde nuestra simpática camarera de los Balcanes nos atendió maravillosamente, cosa que se agradece por la mañana temprano, a nadie viene mal una sonrisa y buen humor entre taberneros y parroquianos por la mañana temprano, y cuyo ambiente se desarrolla bajo la atenta mirada de la dueña, Doña Victoria, a la que prometemos ser formales con las formas y los modos.

El personal romero tiene prisa, y la señora Vitoria consciente de las condiciones climatológicas, no aseguró que no tendríamos riesgo de sol, pero sí de lluvia. Ya se sabe que los que madrugan, Dios ayuda..., tal vez por eso en Pola ya no había más romeros que nosotros.

Seguimos sin reservar en los albergues, por cuyo motivo envié a Maki como avanzadilla, para que cogiera sitio en Berducedo, pues dada la climatología, y que los albergue municipales de Berducedo y La Mesa no están disponibles, es de temer que habrá algo de lío al concluir todos en la alta aldea de Berducedo.

Cuando salimos por las calles de Pola hacia el Camino del Nisón, el reloj marcaba las 8,30 horas. El recorrido se encabalga sobre la carretera AS-14, y va en lenta ascensión proporcionándonos una bucólica vista sobre El Mazo, envuelto en esas horas en una densa neblina. El eje asfaltado se deja un poco más allá del desvío hacia el núcleo de Cimadevilla, este nos invita a bajar a la orilla de la riega del Nisón, que será nuestra compañero durante un par de horas. Ahora se muestra mansamente rugiente lo cual indica que en los cumbrales no ha descargado aún la tormenta.

Las aguas del río que traviesa desde el Palo casi todo el concejo bajan transparentes, puesto que apenas hay pueblos, río arriba. Aprovecho un descanso para disfrutar de ellas y del entorno. El paisaje está dominado por densas manchas de castaños y robles; también por diminutos caseríos como El Teixu, Peñaseita o la Reigada, que apenas se dejan ver dada la densa vegetación que los envuelve.

No hay atajo sin trabajo

Según voy caminando, pues ya Maki se ha ido camino adelante, voy pensando en el refrán arriba expuesto, y pienso en aquellos peregrinos que a estas horas estan subiendo Hospitales, no acabo de cerrar el pensamiento, cuando justo encima de la sierra de Braniegos, empieza a regurgitar la tormenta con fuertes, pero aún lejanos, truenos que dan miedo por su potencia.

No tengo ni idea de cuánto puede llevarme subir por este lado del valle, pero me alegro de no haber subido por la Sierra de Fonfaraón, puesto que tenía en mente dormir en el enclave de hospitalario, más bien al pie de los viejos hospitales del siglo XIV que jalonan la subida, los cuales que en su momento sirvieron como necesarios puntos de apoyo, por ejemplo, para ganaderos, arrieros y hasta para peregrinos, pero hoy son un montón de piedras, o destartalados establos de ganados.

Los paisanos y los proyectos de estos valles

Sigo trepando por el solitario valle del Nisón, rumbo Oeste, hasta virar rumbo suroeste a la altura de La Reigada. En este punto me encontré con un ganadero de la zona con ganas de charlar, y aproveché la ocasión para preguntarle por cosas del territorio. ¿Es posible bajar desde el Área Recreativa de Les Muyeres, hasta Braniecha?

Me dice que sin problemas, y que «incluso puedo bajar hacia El Mazo, aunque lo de pasar al valle de Fresnedo, eso ya es otro cantar. Se han perdido todos los caminos, -me repite- que igual ramaleando con el brezo y el escobal con la guiada en mano, posiblemente pudiera bajar desde la Collada Frenesdo, por la Vega el Pinu. Eso sí con trabajo».

Dejo al paisano en su desesperanza, pues es consciente que no habrá mañana para estos enclaves ya que sus hijos no volverán a hoyar estas tierras, al menos para ganarse el sustento, aunque no pierde la esperanza., pues no hace mucho que unos jóvenes de la meseta han comprado una de las casas, tiene la esperanza de algo crezca en la zona. Nos damos la mano, y cada uno sigue con su quehacer y un *¡Buen Camino!* a modo de saludo.

Las tormentas del Palo

Cruzo el río la riega del Nisón un poco más arriba, cuando ya el camino pica en ascenso, miro para atrás, y veo que detrás de mí hay una pareja de peregrinos, que había visto en el Campo de San Roque (Tineo). Pareja tan extraña como silenciosa. Se paran a charlar, y aprovechamos para ponernos los chubasqueros, pues el agua empieza dejarse notar todavía de forma tímida, aunque lo que era una lejana tormenta, amenaza con tornarse en una importante chubascada.

Me comentan, que son de San Sebastián, y que no son muy madrugadores, pero que luego andan deprisa. Nos hacemos unas fotos y les dejo ir, mientras me quedo fotografiando los pequeños juegos fluviales del río, aunque mi pericia con la cámara deja mucho que desear, siempre me digo, que tengo que realizar un curso sobre el tema, lo que no deja de ser un deseo.

Pruebo las aguas del arroyo, y estoy seguro que a buen seguro que al peregrino Americ, no le hubieran gustado un pelo ni el río, ni las aguas pues como sabemos, los peregrinos y arrieros, evitaban las veras de los cauces fluviales por ser zonas fáciles para los ataques de los gallofos y bandoleros, sin olvidar que la gran pelea que tenían que mantener por mantenerse secos, y lo mejor era ir por los altos cordales, dada la complicación de encontrar en buen estado los distintos pasos sobre las vías de agua (vados, pontones y puentes).

Y más aún si se tiene en cuenta que los cauces astures, son bravíos, ya que tan pronto están secos, como se lleva los puentes, dificultad de alto nivel para el trajín de arrieros y sus reatas de acémilas o para ganaderos que movían sus animales.

Sin apenas darme cuenta llego al cruce con la carretera AS-14, esta cruza todo el territorio allandés. Un poco más arriba, a la vera del puente sobre el Nisón, se encuentra el desvío para tomar el sendero que trepa por un repecho importante camino del Puerto del Palo, mal camino, pero es lo que hay. Prosigo en la pelea hacia la cumbre en un último esfuerzo, aunque me barrunto que este no es el Camino Real de Galicia, dada la pendiente que tiene la senda.

A la mitad de la ascensión me encuentro a un peregrino: Valentín, un hombretón joven y de juveniles maneras. Dado su sobrepeso va subiendo muy lentamente. Le animo a seguir y tiro de él unos cuantos metros a través del costoso repecho, pero este no cambia el ritmo pese a que la tormenta está prácticamente encima. Llegamos cerca de un corro de pinos, y allí lo dejo pues no quiere hacer un esfuerzo más. Pelea conmigo por sentarse, puesto que el sendero no parece tener fin. Allí le dejo en su porfiada decisión.

Subo a la carrera a la cumbre del Puerto del Palo, puesto que quiero llegar al pequeño refugio de piedra que nos ofrece el puerto, a dicho punto llego a eso de las 11, 30h con 8 o 9 km., andados.

El Puerto del Palo nos sitúa en la divisoria de aguas, tal y como expone en su libro Alberto Polledo: «los del Oriente del Palo se dice que son los *curitos*, y los del otro lado, los de occidente, los *farracos*», o sea los del Valledor, Grandas, etc.

Metido en el refugio del Puerto del Palo[7] (1.147 mts), se desata la furia de Zeus, que junto con las bromas de Eolo, ambos hacen de las suyas en la zona cumbral. Un poco antes de entrar en el refugio, un tanto sucio pero útil para guarecerse unos minutos, caen dos potentes truenos seguidos de diversos haces de potente aparato eléctrico que paralizan mis instrumentos con carga eléctrica: GPS y telefono, hasta la cámara de fotos queda «colgada».

En vez de quedarme en su interior, me coloco en el porche y espero sentado con la roja chaqueta de monte que llevo, con la intención de que me vean los romeros, tanto los que llegan, bien de Pola de Allande, o de Hospitales.

Cual no fue mi sorpresa, cuando vi por la cumbral del puerto proveniente de Hospitales al grupo de mineros, luchando en medio de la tormenta con sus ponchos y mochilas, puesto que las ráfagas de viento eran feroces. Pero nadie parecía querer refugiarse en el iglú de piedra, supongo que creyendo que la aldea de Montefurado estaba muy cerca, y que esta les ofrecería mejor resguardo. Hago señas para que sepan que hay un lugar para guarecerse, pero nadie hace acaso.

Eso sí, a los *transilvanos* y madrugadores de la ruta del Nisón, la tormenta les debió de coger a las puertas del pueblo de Berducedo.

---

[7] Hoy en el año 2023 sería imposible, pues el citado refugio se ha reformado y se ha cerrado a cal y canto. No se muy para que sirva ahora en ese estado.

Me armo de paciencia, pues estas tormentas de verano duran lo que duran, y es cuestión de tomárselo con tranquilidad. Asusta el fragor de los truenos que retumban por todo el entorno, aunque lo que espanta es el aparato eléctrico de la tormenta. Es tan espectacular que el teléfono móvil y la cámara sufren un repentino apagón.

Media hora larga de reposo que aproveché para dar un bocado, echo de menos la bota de vino que se ha llevado Maki, asomo la nariz y por el occidente el cielo va clareando. No veo que Valentín haya subido, ha debido dar la vuelta hasta el entronque de la carretera, o bien ha parado un coche, o llamado a un taxi para volver a Pola o subir a Berducedo.

Una vez la tormenta ha desaparecido, aunque el horizonte no está exento de nubarrones, salgo de mi refugio, para contemplar, ahora nítidamente, la cumbral de la Sierra del Palo, a la derecha, al fondo las crestas de las sierras de Muriellos y Carondio, y a la izquierda la Sierra de Lagos y el Valledor, una estampa paisajística que siempre me impresiona.

Caminando por la tierra de *farracos*

Me dirijo cuesta abajo por el sendero que desciende por la vertiente *farraca*, cruzando la AS-14. para seguir, ya sin pérdida alguna hacia el núcleo de Montefurado con su ermita bajo la advocación de Santiago y donde también hubo un hospital. Llego en un pispas, pero en esta ocasión no me recibe el mastín de la feroz carranca, como en otras ocasiones., Tampoco veo señales del único habitante y su familia, siempre liado con su huerta y las vacas, esté cerca, vigilando celosamente que nadie beba su agua.

Montefurado está lleno de leyendas, algunas de ellas hablan de túneles y galerías. Una de estas leyendas se refiere a la *Cueva de Xan Rata*: « que según la tradición, en ella vivía allí un «cuélebre y que un habitante del pueblo, el susodicho Xan Rata, se atrevió a ofrecerle una piedra al rojo vivo que el bicho engulló pensando que le brindaban una hogaza de pan, lo que le hizo desaparecer cueva adentro para no dejarse ver más entre los humanos ni despertar las iras de tan bárbaros convecinos».[8]

Aunque el día no está para danzar por los caminos. Camino de la aldea de Lago paso las portillas -saltaderas, que dan paso a las praderías del Sesto Valle Grande, para dejarme caer por la vaguada hasta el collado del Couso, donde tomo el sendero lateral que va paralelo a la AS-14, para después de un trecho de camino peonil entrar en el pueblo de Lago, pasando por delante de su iglesia, la cual data del siglo XVIII, y como casi todas, cerrada a cal y canto.

Ante el pórtico, me encuentro a otro peregrino que no recuerdo haberlo visto antes. Un breve saludo, y allí le dejo contemplando el árbol de los druidas celtas, el grandioso *Texu de Lago*, eso sí con un perro merodeando sus perniles. Le comento que se ande con tiento, pues igual el *can de palleiro* le da un susto.

Los Peregrinos fantasmas

Subo hasta la carretera para entrar en la Venta de Lago (*Casa Serafín*)[9], donde me refugio de nuevo ante la tromba de agua que empieza a caer. Como la cosa pinta para largo dado que la tormenta ha vuelto hacer presencia, pido un bocadillo de tortilla francesa, que al salir de los fogones causa furor entre algunos peregrinos que por allí pululan. Ignoro de dónde han salido tantos peregrino *quechua*.[10]

Entre los presentes, reconozco al holandés Ruud, a quien encontré en la subida a Bodenaya. Parece que ha hecho toda su comida en el bar a juzgar por la loza utilizada , hay una pareja de peregrinos

---

8 https://elcaminodesantiagodesdeasturias.blogspot.com/2017/08/cueva-de-xanrata.html

9 Establecimiento hoy cerrado.

10 Gentes vestidas por Decathlon, bajo la firma de Quechua.

de jóvenes en un rincón, luego fueron llegando a este oasis de *Serafín,* más gentes, entre ellas una pareja compuesta por una protectora mamá, y su quinceañero vástago.

Para resarcirse de sus esfuerzos, todos piden tortillas. La mama protectora da precisas instrucciones a la cocinera de cómo deben estar las dos tortillas pedidas... lo que hace torcer el hocico de la tabernera que sabe de su oficio más que los ratones colorados; y no recibe bien tanta indicación, pero la peregrina, impertérrita sigue dando mandas acerca de si la *francesa* era posible convertirla en una *vienesa,* pero con algo con cebolla... A la buena de la cocinera, hecha un basilisco, estaba a punto de estamparle la sartén a la clienta, pero guarda las formas.

Salgo tras contemplar toda las escena ya que escampado y la tromba de agua ya es puro recuerdo, además la tasca ya no lleva un alma más. El amigo Valentín sigue sin aparecer. Detrás de mí, sale un puñado de peregrinos y entran otros. Me entretengo con unas fotos y compruebo que estoy solo, el resto de los romeros han optado por seguir por la carretera. En fin..., cada uno hace su camino como cree conveniente, aunque veo pasar hacia Lago varios taxis llenos. Sin comentarios.

El Camino como contemplación

No tengo prisa, ni voto que cumplir, ni mi objetivo es la *devotionis,* ni cumplo rito penitencial alguno, simplemente soy un viajero del bordón, como sé que Maki está albergado, y mi plaza reservada, y el tiempo se muestra muy revuelto, voy tranquilo. Si cae alguna chubascada, espero encontrar un buen árbol que me cobije, al menos hasta empezar a mojarme dos veces, como dice el refrán.

La tierra huele a mojada, y los aromas fluyen por todos los poros de la tierra. Las babosas, bien negras o pardas, bien gordas salen al camino, a pesar de que dicen que son de actividad nocturna. Este verano tan lluvioso, es que se las tropieza por todos los trazados. No parece que sus depredadores estén hambrientos (ranas y sapos), al tenor de su número, y sobre todo su tamaño.

A la altura de Piedras Rubias, es cuando de nuevo me coge otro aguacero, busco un buen roble y una piedra y me siento a esperar. Me entretengo en contemplar la zona del Valledor, pues me he ido un poco fuera del camino, para poder admirar este valle tan singular, y tan querido por mí. Me gusta pensar en esa imagen de esta sentado en medio de la lluvia contemplando tal paisaje.

Berducedo. Parada y fonda

Al final, en medio de un descampe, llego al pueblo de Berducedo, a cuyas puerta me sale a recibir Maki que lleva hasta el albergue *Casa Marqués*, inaugurado hace apenas tres días.

Su interior parece en esos momentos un campamento de refugiados, ropas mojadas dejadas al pairo, o colgadas de las literas, el calzado chorreando en cada esquina, lo cual deja al aire algunas deficiencias del alojamiento, como por ejemplo, una barra con perchas para poder secar de este modo las ropas.

Está claro, estamos lejos de aquella mala fama que arranca con el *Códice Calixtinus,* acerca de los sollastres taberneros, y hospitaleros que no siempre aparecen en las vulgatas canónicas del Camino, que cohabitaron con una abundante barahúnda de peregrinos de toda estirpe y condición. Las hambrunas que hubo en diversos siglos aquí y al otro lado de nuestras fronteras empujaron a las gentes a echarse a los caminos, hordas de peregrinos *francos* y también hispanos tuvieron que buscarse los garbanzos en un eterno *primum vivere,* antes de entregar a la parca su pelleja en sus pueblos

Peregrinos: Primum Lectus

Como nosotros somos más bien *Gentes del Bordón,* más que peregrinos al uso, lo perentorio ahora no es el *vivere* como antaño, sino donde *dormire.*

Debido a la falta de alojamientos institucionales (asequibles a nuestras capacidades), aunque algunos pueblos y aldeas cuentan con una buen provisión de los llamados albergues privados, algo más caros. Aunque es verdad que ofrecen mejor calidad y no se puede negar también a buen precio, como ahora sucede en Berducedo, donde el albergue municipal, apenas si uno puede asomar la nariz, de lo abandonado que está.[11]

En Berducedo donde antaño hubo un hospital, hoy la oferta ha ido creciendo de una forma exponencial, pues ha pasado de contar con un par de albergues a dar cobijo como en este caso, a más de 100 peregrinos. De este modo el pueblo se ha reactivado económicamente.

Ha vuelto a convertirse en un punto neurálgico que fue de caminos y viajeros. Aunque ahora los tránsitos son más unidireccionales. Antiguamente estaba el tránsito principal entre Grandas y Tineo, parte del consumado Camino de Galicia, luego estaban los tránsitos hacia San Salvador de Valledor, o San Antolín de Ibias hacia hubo ciertos trasiegos peregrinos apenas sin historiografiar.[12]

En todo caso, no deja de ser cierto que algunas dinámicas perturban el correcto funcionamiento de la oferta alojativa, como el no poder reservar plazas en los albergues, ya no digo en los públicos donde se establece que los caminantes tienen plaza por orden

---

[11] En el año 2927 el albergue de Berducedo y La Mesa estaban abandonados, hoy están en una situación exquisita.

[12] https://www.asturiasperegrina.es/2022/11/el-hito-jacobeo-desde-c-del-narcea.html // https://www.asturiasperegrina.es/2022/11/de-donde-venian-los-peregrinos-llegados.html

de llegada, sino en los alojamientos privados, de cara a evitar bloqueos de plazas.

Se podría requerir para reducir estas problemáticas el numero de la tarjeta bancaria a la hora de efectuar las reservas, esto en parte generaría una menor prisa por llegar a cumplir con las reservas, que ahora se mantienen en activo entre las 14 y 15 horas, y luego dios dirá... y sobre todo quitaría ese plaga de gentes que reservan aquí y allá y si llegan bien y sino también. En todo caso todo esto ha generado un paradigma en el quehacer peregrinatorio, ya que a los romeros, a los *viajeros de bordón*, nos están convirtiendo a marchas forzadas, en *primun lectus.*[13]

Este es un paradigma que nace de las deficiencias y contradicciones del sistema comercial de la oferta y la demanda, y que afecta sobre todo, a los alojamientos que uno va enlazando a lo largo del Camino.

Una vez acabo de instalarme en el albergue, y tras el conveniente aseo, me doy de bruces con una bandada de peregrinos dando vueltas a modo de patos mareados. Realizan miméticamente casi que lo mismo, tomar el sol cuando aparece, y dedicarse a la hidratación a base de malta. A modo de fórmula inmutable, casi todos ellos, desaparecen a eso de las veinte horas en pos de la litera, requiriendo eso sí, un sepulcral silencio en la habitaciones.

Tanta es la influencia de esos modos, que ya hay pueblos que más allá de las 21,30 h., ya no sirven cenas. Y eso ha hecho que los restaurantes abran sus cocinas entre las 18 a las 20 horas. Como además se pueden entretener las horas muertas de la oscurecida

[13] Esto a día de hoy, en solo seis años, ha mejorado mucho gracias, las presencia de nuevas tecnologías, de la utilización de las wifi, o sea la universalización de todos estas tecnologías, ha permitido reservar mediante Centrales de Reserva, pagar los servicios mediante diversas medios: tarjetas, bizums, datafonos, monederos digitales, etc. y sobre todo en los lugares más remotos. Tanto es así, que en todo caso se recuerda que los peregrinos llevan dinero físico, pues siempre hay imprevistos, y ahora las exigencias se han trasladado a que haya buenas conexiones móviles, gran cantidad de enchufes, etc.

mediante el teléfono móvil, pues miel sobre hojuelas, para cenar rápido y luego a la litera a movilear.

Observo, desde que empecé a viajar por los diversos caminos peregrinos, antes lo hice por las montañas y caminerías astures y peninsulares hace ya unos cuantos años, pese a que las ofertas complementarias que ofrecen los destinos, los romeros en general, tienen más bien poca imaginación para cubrir los tiempos de espera, o pocas ganas de moverse, o de conocer el entorno que les rodea, están más condicionados por la llegada a Santiago. Por tanto su radio de movilidad, se puede decir, que es más bien escasa.

En Berducedo como era previsible, dada la pertinaz lluvia, y la hora, cenamos en el pequeño restaurante de *Casa Marqués*, eso sí prácticamente solos, pues el resto de los romeros ya estaban en la cama, o bien en los brazos de Morfeo, o abducidos por los smartphones, dado que ahora hay wifi en cada albergue.

CAMINO PRIMITIVO | 6ª ETAPA, BERDUCEDO-GRANDAS DE SALIME

Cierta monotonía... Comenzando el día... dice el refrán *que no hay mal que cien años duré*, y en esta Asturias estival las tormentas no son eternas.

Tras tirarme de la litera, vi que la amiga Isabelle, tan madrugadora como siempre se estaba yendo mochila en ristre, y Maki estaba en sus últimas abluciones. Por tanto en el albergue empezaba a reinar el más completo silencio, todos se habían echado camino adelante.

Una vez realicé mis propias abluciones y recompuse la mochila, bajé hasta el café del albergue donde me senté frente a un té y un buen pedazo de bizcocho, cuando estaba a punto de concluir la pitanza llegó la pareja de la Guardia Civil reclamando a los que andábamos aún por allí la documentación, ya que se habían producido algunos impagos de comidas u alojamientos en Pola, y andaban buscando al penitente en cuestión.

Al final, la cosa pareció ser más bien un tema de olvidos que producto de la picaresca. Ya antes de entrar en acción la *Benemérita,* había un peregrino tratando con el hospitalero del albergue, allí mismo en la barra del bar, acerca de cómo hacer llegar un pago a otro albergue ubicado en Pola de Allande.

Sea como fuera, también estas cosas tienen cabida en el Camino. Ni que decir que hubo un tiempo que cuestiones como estas formaron parte de los actos de la picaresca odopérica, y como tal quedaron algunos de ellos plasmados en los viejos textos calixtinos. En todo caso, quien recopila de forma divertida y certera gran parte de todas estas artimañas, es Pablo Arribas en su libro: *Pícaros y Picaresca en el Camino de Santiago.* Bien merece la pena su lectura.

Con relación a lo acontecido, muchos peregrinos que llegan de primeras al Camino piensan que todos los servicios (alojamientos, tiendas) disponen de alta tecnología, como pueden ser los lectores de tarjetas, o creen que las wifis están en todos los sitios y funcionan a toda pastilla, etc.

Luego, cuando llegan a los pequeños pueblos y se enfrentan a los primeros pagos, pues se les caen las medias a los tobillos, al comprobar la precariedad tecnológica que aún campea por todos estos parajes rurales, donde los cajeros son una rara avis, o las wifis y las redes internáuticas llegan hasta donde llegan y van como van.[14]

Establecida la rutina de la *peregrinatio,* tras el susto de la Benemérita, y con un día despejado y el sol ya calzándose los tejados de Berducedo, salgo tras los pasos de Maki.

Aunque me entretengo con todo aquello que me sale al paso, como el viejo cementerio de Berducedo, no es que este tenga nada

---

[14] Ya he comentado en una nota anterior que eso pasaba en el 2017 y que hoy en el 2023 entrando en el 2024 estas cosas han cambiado como de la noche al día.

en especial, pero sí que su estado llama a la reflexión, y lo recojo como una cuestión «extraña». Por un lado el abandono que muestra la quintana de los muertos, y el hecho de que esté en medio del pueblo, algo no muy poco frecuente en Asturias.

El lejano horizonte...

Andar por todos estos altos parajes del occidente asturiano, permite al peregrino contemplar a lo lejos los difusos horizontes e ir descifrando cada uno de ellos, aunque lo debo abandonar, pues al entrar en la vertiente del Arroyo de los Cabríos que da paso al pueblo de La Mesa, se pierdo tales referencias, hoy dada la nueva tecnología podría sacar una app que me leyera el horizonte.

Concluida la bajada por el acceso rodado de La Mesa me saluda la iglesiuca dedicada a Santa María Magdalena, que nos muestra su arquitectura rural, ocultando bajos sus cimientos un interesante túmulo funerario. En su pórtico un peregrino está aviando su mochila, puesto que ha vivaqueado en el pequeño cabildo de la ermita. ¡Que envidia!

Unas fotos al entorno, y sin entrar en *Casa Miguelín,* en cuya terraza se *asoleyan* algunas gentes ante un humeante café. Enfilo la subida hacia la cumbral de la sierra de Buspol, mostrando el costurón de eólicos que marcan el horizonte más inmediato. En la ascensión algunos peregrinos de incierta edad se ponen a la sombra para descansar un rato.

Remato la subida, y le doy la vuelta a la sierra para bajar hacia las casas de Buspol, donde me encuentro a Maki y sus amigos, que vienen de frente., puesto que estos iban entretenidos en el charloteo, y no han visto el giro que indican las marcas jacobeas, y se han ido carretera adelante hasta la aldea de Villar de Buspol. Advertidos del error, este es el motivo por el cual me los encuentro de frente.

Llegados al enclave de la ermita de Buspol, que fue además hospital de peregrinos, sobre el cual, la historia nos indica «que pagaba al obispo y su cabildo un tributo en forma de "una libra de cera en torta". En 1.753 el famoso *Catastro de Ensenada,* informaba además que esta hospedería, ya en esos momentos se trataba de «una casa particular, en la que seguían dando manta y techo a los peregrinos que por aquí circulaban».

O sea que los peregrinos siempre han sido fruto de la caridad y también parte del lucrativo negocio de la caridad, lo cual no parece interesar demasiado a los historiadores, más interesados en obviar cuestiones de cómo la iglesia como institución, sacó durante siglos del pozo sin fondo que supuso la peregrinación, estableciendo lucrativos estipendios económicos. Pues como hemos visto se pagaban altos precios y estipendios por poder regir determinadas instalaciones para el ejercicio o recibir la caridad peregrina.

El emplazamiento de la ermita de Buspol es una atalaya muy fotogénica, tal y como dejan traslucir los miles de fotos que ruedan por la Redes. La cual es toda una paradoja con respecto a otros templos más significativos, que no son ni tenidos en cuenta.

Reunido el rebaño peregrino a su libre albedrio en los alrededores de la capilla, llega el señor de la casa aledaña, a modo de pastor y pronto reúne en torno suyo a buena parte de la grey romera, que se muestra deseosa de oírle desgranar su repertorio de historias.

Compruebo los datos que Alberto Polledo consigna en su libro: *Buen Camino,* acerca de la campana del siglo XIV de la ermita en la que se podía leer *«En la era de MCCCLXV años desde Cristo- Cristo vence, Cristo reina. Cristo impera. Alfa-el primero. Omega-el último».*

Y digo leer, porque la verdad es que dicho instrumento ya no existe, aunque sí que la imaginería religiosa de la ermita está presente, pues está dedicada a María Magdalena, aunque los mapas de IGN, marcan el eremitorio como dedicado a Santa Teresa y a

Santiago. Otros textos, por el contrario indican que la capilla se haya bajo la advocación de Santa Marina. Esto me lleva a pensar que debe de haber una advocación múltiple y compartida, puesto que el pequeño retablo popular que muestra el pequeño templo rural, son tres barrocas figuras: Santa María Magdalena, San Antonio y Santa Marina.

No tardará el lugar en despejarse de peregrinos, una vez que el paisano decide volver a sus quehaceres, momento en el que me siento al par de la capilla a gozar en solitario de los parajes viendo en lontananza, que diría el castizo, la frontera galaica, e intentando descifrar las referencias cumbreras y los pueblos que de ellas cuelgan.

Siempre me ha gustado mucho este lugar, y sería un emplazamiento ideal para ubicar un albergue.

Las temibles bajadas... o saber caminar por los caminos...

Acabada la contemplación me echo al camino, ahora toca abordar la temida bajada hacia Grandas de Salime. El trazado enfila en franco descenso marcado por las características piedras hincadas de esta zona, *chantas,* las llaman, las cuales jalonan los primeros tramos, y pronto dejan paso a las amplias pistas de explotación maderera.

En ese trasiego, a la altura de las curvas de Trasmonte me encuentro de forma sorpresiva con el amigo Valentín, pues dejé de verlo en la subida al Puerto del Palo y en Berducedo tampoco lo vi, aunque es verdad que quedamos encadenados al albergue, y hubo poca oportunidad de evaluar las presencias de unos y otros.

Por lo que ignoro ¿Cómo ha llegado hasta aquí? Y no es de buena sintonía preguntarle acerca de tal cosa. Valentín va muy metido en el descenso, que realiza muy lentamente en cuya acción le acompaño un buen rato, indicándole que lo haga en zigzag, sino sus rodillas no aguantaran con tanto peso y pendiente. Aunque presiento que va más preocupado por las reaparecidas alemanas, madre e hija, que parecen tener una permanente guerra con sus respectivas mochilas

Al final las encontramos un poco más abajo, las sobrepasamos y con un guiño de ojos como saludo, las dejamos atrás pese a nuestro lento caminar, de hecho terminamos perdiéndolas de vista, aunque es posible que se han hecho a un lado de la pista para sus perentorias necesidades fisiológicas, en las cuales, le indico al amigo Valentín, que poco podemos ayudarlas.

Cuando dejamos el desvío de Murias, que va hacia el embarcadero donde el *lancheiro* pasaba antiguamente a las gentes de Villapedre y Villar de Buspol a la otra orilla del río Navia, y desde donde se puede ver por entre el bosque de pinos parte del embalse de Grandas.

En esta parte del trazado, el historiador Folgueira Lombardero, nos habla de que el camino más antiguo iba por la izquierda hacia el desaparecido pueblo de Salime, hoy bajo las aguas, y subía a Santa María de Dubris, o sea a Grandas para seguir hacia el enclave de la *Ocela ptolomeica* (castro de San Martín). Personalmente creo que no define muy bien por donde se desarrollaba tal camino. más allá de citar los pueblos de Villarpedre, Valdeo y Pelou.

En todo caso, volviendo a la zona desde el mismo enclave del Puerto del Palo, este ofrece otras posibilidades camineras. Trazados que atraviesan desde el Palo, todo el Valledor, pasando por San Salvador camino de las antiguas parroquias asturianas, situadas al otro lado del río Navia, como San Salvador de Negueira Muniz, o la Puebla de Burón. Evidentemente teniendo que cruzar para ello el río Navia, que aquellos viejos tiempos a buen seguro que río a arriba contaría, al menos en épocas estivales, con algun que otros vado o puente.[15]

En este punto de observación en la bajada al embalse, en el cual dejo al amigo Valentín a su suerte, puesto que ya solo le queda tomar el sendero que entronca con la carretera AS-14, y por ella cruzar el muro de la represa para arribar a Grandas de Salime.

Lo cierto, es que ver como bajan los compañeros romeros por estos caminos y senderos es para alegrarse que no haya más accidentes, pues algunos van con los bastones arrastrando, otros van haciendo esparavanes de todo tipo con ellos. Me asombra, el hecho de que no haya más líos con dichos artilugios, y sin mencionar la clásica sinfonía del tic-tac, a ritmo y modo *nordic walking jacobi.*

La faraónica obra del embalse de Grandas de Salime

Un vez en la carretera AS-14, es entonces, cuando podemos ver en toda su dimensión lo que debió ser la construcción de este embalse, cuyos restos se hayan esparcidos por los aledaños del muro de la presa, los cuales se pueden admirar desde la innovadora balconada, conocida como la *boca de ballena*, diseñada en su día por los arquitectos Vaquero Palacios, y Vaquero Turcios.

Ambos, padre e hijo, participaron en esta impresionante obra: «que en su día fue la presa más alta de España, en su construcción se batieron «récords» en muchas facetas, como la colocación de hormigón, que tardaría muchos años en ser superado; más de 4.000 toneladas en un solo día. 630.000 metros cúbicos se necesitaron para hacer este gigante de 134 metros de altura, el más alto de

---

[15] En un trabajo publicado por Palacio de las Nogueiras Fisiografía, etnología, cultura e historia antigua del territorio comprendido entre los ríos Eo y Navia, se dice que no había más puente que el de Salime y realiza una descripción de la ubicación desde la romanización a hoy el papel que jugó el río Navia esa segregación.

Europa en aquel momento, con un radio de 400 metros en su coronación». (Xurde Morán)

La obra empezó en 1945, y conllevó la instalación de un teleférico, que tuvo una longitud de unos 36 kilómetros. Tal construcción se concluyó en 1955.

La presencia del embalse como es de suponer supuso la desaparición o la alteración de todo un conglomerado geomorfológico, tanto macro como micro, al menos en lo referido a las estructuras agrarias y geográficas y hasta sociales de la zona.

Uno que vivió, como fue mi caso, en directo el desmantelamiento del pueblo de Riaño (León) afectado por otro embalse, puedo dar cabal idea de lo que fue ese acontecer, y lo cierto es que me temo que no se hayan tenido en cuenta algunas cuestiones este tipo de actuaciones, dada la importancia de la eléctrica como fuerza motriz de toda una economía empresarial de primera magnitud, que se ha vendido siempre como una necesidad para el llamado progreso social, dado además que en el franquismo, los embalse fueron un modelo energético y estratégico para el desarrollo del país.

Una vez visto el embalse, se continua carretera arriba, aunque dado el calor reinante, termino como tantos otros caminantes, refugiándome en el *Hotel Las Grandas* en busca de una fresca cerveza. Me instalo confortablemente en el patio-terraza, y en ello estoy cuando por la puerta aparece de nuevo, el amigo Valentín, que tras dejar su mochila y chorreando de sudor a mares, me invita a rematar el asunto de la ayuda, a un helado, a la vez que me anuncia que no da un paso más. Este lugar será donde concluya su jornada caminera, para lo cual ya ha reservado una habitación.

Lo mismo debió suceder a las peregrinas alemanas, que llegaron justo detrás, las cuales una vez se instalaron en un extremo de la terraza, se dedicaron a disfrutar del entorno, deshaciéndose primeramente de sus mochilas, luego del calzado y finalmente de buena parte de sus ropas, y como lagartijas al sol se desparramaron cual largas eran, eso sí encargando unas grandes jarras de cervezas, y unas buenas ensaladas. Hicieron la reserva de una habitación para ambas. Unos guiños, un levantar las jarras a modo de saludo-brindis, y de ellas nunca más supe.

Recuperado mediante el merecido descanso, dejo a los eventuales compañeros ocupados en sus respectivos quehaceres, y de nuevo me enfrento al asfalto, yendo carretera arriba por las laderas de El Zeixalón, hasta la curva de La Costa, donde me siento un rato en la excelente balconada sobre el embalse y el río Navia.

Observo la gran hendidura que ha ido realizando a lo largo de los siglos la erosión fluvial del Navia, horadando todo aquello que a su paso se iba encontrando, hasta cavar un cauce que le permitió encontrarse con el mar Cantábrico.

En algunas viejas fotos que hoy se pueden contemplar en el museo de Grandas, dejan ver cómo eran aquellos antiguos cruces de este emblemático río Navia. Por ejemplo, hay una antigua fotografía que muestra el viejo puente que unía las dos orillas, en lo que hoy son los entornos del actual muro del embalse. Dicho puesta estaba muchos metros más abajo, al menos unos 120 metros, calculo que estaba justo en el límite para poder unir ambas orillas. O sea que la bajada hasta esa cota todavía tenía más longitud y más pendiente. Ante tal cosa, me pregunto y antes del puente ¿Cómo cruzaban este río, y por qué lugares los distintos viajeros?

Tras unos minutos de reflexión y fotografiado de la zona, prosigo con la ascensión hasta el desvío que va a Pénjamo, lugar este mítico entre los escolares.

A este lugar hacían referencia nuestros viejos maestros, *de la letra con sangre entra,* cuando nos encontraban ensimismados como estábamos en las piernas o en el escote de la profe de turno, y de cuyo embobamiento salíamos, tras un buen tirón de orejas. Bueno, no sé muy bien si era Pénjamo o Pimiango. Tal vez ello dependiera de sí uno viviera en el Oriente o el Occidente de Asturias, lo que está claro es que no sabíamos si eran lugares reales o míticos, lo fui descubriendo con los años.

Un poco más arriba, se llega el deseado desvío, indicado mediante la maltratada señalización del GR 109 *Asturias Interior*, donde un empinado sendero se abre paso por la mata boscosa del Coto de Grandas hasta desembocar en la capitalina villa de Grandas.

Grandas de Salime, La memoria y Pepe el Ferreiro

Con la ésta villa de Grandas siempre tengo las mismas sensaciones, por un lado, porque pudo ser la posible capital asturiana del pulpo, aunque le falta tirón y querencia por querer implantar dicha especialidad gastronómica, pues tan solo el *Hostal Occidente* ofrece tal producto, mientras tanto, esa capitalidad pulpeira se la lleva Fonsagrada. No en vano, recoge excursiones de viajeros asturianos dispuestos a probar ese gran producto fuera de las fronteras regionales.

En otro orden de cosas, pese a que nuestra región cuenta con uno de los inputs más importantes como es el *Museo Etnográfico de Salime,* el cual debiera funcionar a modo de mediática locomotora turística, pues digamos que sí, pero no.

Este conocido museo dedicado hoy a la memoria de su fundador *Pepe el Ferreiro,* parece tener problemas de desarrollo (2017), lo que deja claro que los astures nos vendemos mal, y aún peor nuestros productos.

Sobre Pepe el Ferreiro ¿Qué decir? Un paisano al que siempre recuerdo por Grandas con boina, pitu de liar y madreñas.

Es indudable que él ha sido, y es aún hoy, toda una institución. Un personaje, al que le concluyó su virreinato, como muchos otros después de muchos años de entrega. Tuvo una gestión teñida con muchos claros y oscuros, y ha sido objeto de fuertes polémicas políticas y enfrentamientos sociales, a favor y en contra de su gestión.

Adelanto que nunca hubo mucha empatía entre nosotros dos, tal vez porque cuando lo conocí, en ese preciso momento ejercía de anfitrión de una simulación de la *matanza de un gochu* en el seno de las instalaciones del Museo, lo cual realizaba en compañía de diversos prebostes mediáticos de la región y amigotes políticos, incluso conocidos mutuos. En ese momento justo, le pregunté a bocajarro, por uno de sus parientes, en concreto por José Naveiras Pastur.

Todo un personaje, Naveiras Pastur, puesto que en Grandas reunió a una serie de conocidos compañeros, con los cuales levantó columnas masónicas. Un taller que recibió el título distintivo de la Respetable Logia *Amor y Trabajo.* Es cierto que el taller no pasó de ser un pequeña logia conformada al calor de la llegada de la II República, y a la cual le dieron vida: José Naveiras Pastur, José Antonio Rodríguez Braña y Antonio Álvarez Mesa.

Al primero de ellos, a Naveiras Pastur, la institución gobernante y represiva fruto del llamado triunfante Movimiento Nacional, llegado el franquismo le acusó de «estar al frente de las hordas rojas y ser el autor moral de todos los atropellos y desmanes cometidos en dicho pueblo», y como tal le condenó el 15 de julio de 1938, a la pena de muerte, que fue firmada por los jueces Luis de Vicente, Manuel Toimil, Benigno Lebon, y Jose Manuel Álvarez Vázquez. Dichos jueces, dictaron sentencia contra Antonio Álvarez Mesa, y a los dos *hermanos* los pasaron por las armas en la ciudad de Lugo.

Esa es la intrahistoria de estos pueblos, donde se masticaron en cada esquina las rencillas y las envidias, y donde todavía queda algún que otro rescoldo, porque se perdona pero no sé olvida.

En ello voy pensando mientras subo por la Avenida *de Pepe del Ferreiro*, y pienso en que no debí de hacerle dicha pregunta en ese momento, no era el momento oportuno. Se puede decir que lo pillé a contrapelo, y sin el humor necesario, en todo caso, su parca contestación acabó con el entente entre ambos. Pese a lo que expone Alberto Polledo sobre él y su personalidad, no deja de ser verdad que *El Ferreiru* nunca dejó de ser un paisano de singular y peculiar trato.

Fuera como fuere, entro en el Museo Etnográfico para sellar mi credencial peregrina, pues me hace ilusión tener dicho sello. Dado que vamos a dormir en una pensión, pues como era predecible el albergue estaba hasta los topes de romeros, me dispongo a iniciar el camino, cuando a la puerta de la muestra etnográfica del *Pepe el Ferreiru,* la responsable del Museo, me indica que si voy al albergue haga saber a los romeros que la instalación museística está abierta.

De nuevo se produce una clásica paradoja. Los peregrinos visitan pocas cosas a su paso, o durante su estancia en los distintos pueblos y villas, más allá de los restaurantes y los supermercados y los bares, lo comprobé a lo largo de este camino que llevo adelante, y no es justificarles, pero por un lado madrugan la de dios, y lo primero que hacen al llegar al destino es tomar posesión de la litera, a continuación comer y luego sestear.

El caso es que no hay tiempo para otras cosas. Y efectuar la visita del Museo Etnográfico de Grandas, que no es pequeño, ni se puede ver en un instante, ni barato, pues cuesta despegarse de lo cotidiano para visitarlo. Los responsables del Museo, creo que debieran incentivar esas visitas de algún modo, y bajo alguna fórmula que resultara atractiva para los peregrinos.

Al final de la calle me encuentro con Maki, que me lleva hasta la pensión *Arreigada*, en cuyo bar nos emplazamos a tomar una cerveza, una vez he aparcada la mochila. Antes de cenar damos una vuelta por el pueblo, aunque el personal peregrino ya debe de estar durmiendo pues el pueblo a eso de las 21 h., se haya ya desierto.

Tras la cena me voy directamente a la cama, pues me cansan las historias familiares en las que casi siempre se termina enzarzando Maki, tras la cena y unos chupitos empieza a desgranar de forma quejumbrosa historias que nos duelen a los dos.

Para colmo se acrecienta el malestar que me produce la bursitis en la cabeza del peroné, por tanto no tengo humor para mucho más; y aunque la etapa ha sido contenida, unos 22 kilómetros que he realizado en unas 5 horas en movimiento. Eso sí, con un desnivel de unos 805 m. de ascenso m., y otros tantos de descenso acumulado. Mañana tierra de pulpo: Fonsagrada.

CAMINO PRIMITIVO | 7ª ETAPA, GRANDAS DE SALIME-FONSAGRADA

Por la frontera astur galaica.
Galicia y su visión del Camino

Volviendo al Camino que me ocupa, o sea al Primitivo, hoy abordamos la séptima etapa. Por mi parte empiezo con algo de desesperanza, debido a la discusión nocturna que tuve con Maki a cuenta de las historias familiares. Luego, porque mi cuerpo se niega a los madrugones, y dado que hoy tenemos una etapa llena de toboganes hasta Fonsagrada, hubo que madrugar. Tal vez la única ilusión para llegar con fuerzas, es por el banquete con que nos regalaremos en Fonsagrada.

Una vez cumplidas las básicas abluciones matinales, toca desayunar, y como siempre una abundante taza de té hirviendo, acompañada en esta ocasión de unos sobaos enormes, combustible más que suficiente para afrontar una tenue subida hasta el límite provincial, ubicado en el Monte de la Curiscada. Este objetivo supone de mano realizar unos primeros 14 km., y tener que salvar un desnivel de unos 514 m. de cota.

Salimos calle arriba hacia la colegiata hacia el barrio del Carmen, al paso fotografío toda el complejo religioso de la Colegiata, con un pero, y es que pese a las gestiones realizadas y algunas tibias promesas. Al final fue imposible que nos abrieran la iglesia para contemplar su contenido, que a mi juicio sería de gran importancia, al menos para documentar mejor aquellos hitos dedicados al San Salvador, dentro del programa de la Veredas salvadoreñas.

Realmente me faltarán sábados y domingos en toda mi vida, para poder ver las iglesias que tengo pendientes de ver sus interior, pues son casi siempre esos días cuando las abren, los de misa.

Sobre esta colegiata de San Salvador, se dice que nace en «las postrimerías del camino jacobeo», aunque a mi parecer, es anterior a tal fenómeno, ya que tal input religioso aparece en 1186, cuando Fernando II lo cede al cabildo catedralicio de San Salvador de Oviedo. Observando algunos elementos, y la advocación del templo allandés, este debió ser un monasterio del tipo *familiar,* el cual fue evolucionando hasta convertirse en una colegiata. Que como otras muchas, fue gestionada por canónigos regulares bajo la regla de San Agustín, que con el paso del tiempo, terminaron siendo dependientes del poder religioso ovetense como clero regular.

Documentado está, que la Colegiata llegó a contar con un clérigo (canónigo) que ejercía de abad, teniendo bajo su autoridad a otros dos canónigos. Sobre ello, nos habla el *Diccionario* de Pascual Madoz, «se dice con algún fundamento que perteneció a los templarios, y que tal vez habría en esta villa hospedería para los peregrinos que concurrían a visitar el sepulcro de Santiago patrón de las España, pues así lo induce a creer las conchas o pechinas que se observan esculpidas en la piedra de la fachada sobre el arco».

En aquel tiempo del que habla Madoz, apenas sí queda nada reconocible en el edificio, ya que sufrió múltiples obras, siendo su completa reedificación en el siglo XVII. Del edificio anterior, solo queda algún que otro testigo, como la puerta, unas gárgolas o la pila bautismal, elementos no muy comunes en el románico astur.

En su interior por lo que he podido saber, se encuentran diversos retablos con bellas imágenes de variados siglos y escuelas. Una de ellas, es un significativo San Roque con perro y bordón peregrino, y como casi siempre, enseñando su iniciática rodilla. Cuenta el edificio, como es óbice, con un San Salvador a modo de pantocrátor, que asoma por la parte alta del retablo, pero cuyas tallas no pude contemplar.

Dejo atrás las especulaciones templaristas, que ya me resultan cansinas, debido al poco fundamento que estas parecen tener, más allá de las leyendas. Dentro de unos minutos quedarán atrás los recuerdos, la obra del mítico Pepe el Ferreiro, sus historias, y hasta sus sonadas polémicas y encontronazos. Por mi parte, prefiero quedarme con el recuerdo de su clásico *¡Haxa Salú!*

A Maki, según salimos del pueblo, le voy refiriendo leyendas e historias del lugar, que ustedes sufridos lectores pueden imaginar, son varias y variadas, y creo que hasta entretenidas, en las que se entremezcla la política, las envidias, los usos y las costumbres, a veces un tanto extralimitado todo ello, a poco que uno lo piense.

Salimos del pueblo haciendo fotos, las cuales recogen diversos motivos heráldicos, como los que se exponen en la fachada de *Casa Román,* con sus hermosos dinteles en puertas y ventanas, que resultan espectaculares. Como que no quiere la cosa, paso por delante de la capilla del Carmen rumbo al lugar de La Farrapa. De esta forma voy viendo una serie de escudos y blasones, que por cierto es un tema poco estudiado en Asturias y su relación con el Camino de Santiago.

El florido escudo de la familia de los *Román*, representa: dos peces unidos por un bocado, en uno de los cuatro cuarteles en que se divide el escudo, en dos de ellos se representa una especie de torre, y en el otro un castillo, en el que resta se haya una cruz floreteada. El escudo está rematado en su parte superior, por un burelete de yelmo con cimera vegetal, y en la parte inferior la subsiguiente condecoración que no reconozco. Con esa desesperanza de no poder obtener más datos sobre tales muestras heráldicas, proseguimos camino.

Sin apenas darnos cuenta, hemos sobrepasado La Farrapa, y ganada la aldea de Cereixeira, por unos instantes pisamos un tramo de las AS-28, para entrar en un camino paralelo que se ve bastante mal por falta de limpieza y desbroce, y por el que se llega a la Capilla de la Esperanza de Malneira, construida en el siglo XVIII. La fachada muestra una placa: «En recuerdo de Doña Josefa Cachan de Castro Grandas», lo cual se vuelve a repetir en la campana que preside la ermita, sin que se sepa quien tal señora.

Maki, opta por despegarse de mí, pues también parece pesarle en el ánimo el debate de ayer a la noche. Sigo en plan solanas. Al poco me sale al paso un rebaño de vacas que van camino del prado, y que me obligan a ir tras su lento paso ya que ocupan todo el ancho de trazado.

En ese calmo transitar, me fijó en un mojón con placa conmemorativa, dedicada al *Encuentro Astur-Galaico 2006 del Camino de Santiago.*

Más adelante, otro mojón me indica que estoy en el km 166,098 de Santiago. Lo cierto, es que no me fio mucho de todas estas medidas de las plaquitas, tan pronto indican unas longitudes como otras. Sigo a mi aire olvidando los pasos, y hasta las etapas que aún me quedan para llegar a Santiago de Compostela.

Además, como soy de los que piensa que el *Camino soy yo y mis circunstancias*, este se concluye cuando me paro y me doy media vuelta, que no es la primera vez. Algunas *gentes del bordón* somos así de raros. Llegados a Santiago, no necesitamos ni besar ni abrazar el maderamen busto del santo. Nos sentimos confortados en nuestras interiorizadas historias y trasiegos con el caminar. El Camino para mí, está ligado a los territorios, a la historia, a la presencia de las herejías, por las leyendas y relatos..., etc. Para Maki, su Camino está marcado por la estela de *San Miguel,* y la música de Camarón que escucha durante este nuevo rumbeo, que le he traído hasta los Caminos de Santiago.

El primer viaje peregrino que hizo conmigo, fue de esos recorridos que dejaron huella, tanto por su dureza que la hubo como la experiencia. El *Camino de las Reliquias,* que llevamos desde San Salvador de Oviedo hasta el Puerto Ventana, que es el recorrido canónico. Luego lo estiramos tomando las veredas trashumantes hasta llegar al entronque en Riello (Omaña) con el *Camino Olvidado*

Aquí, en Riello, viramos al Oeste, y por la vereda peregrina del *Olvidado*, arribamos a Villafranca del Bierzo, entroncado con el Camino Francés hasta concluir en Santiago. Un recorrido de 14 días de marcha, en los cuales recorrimos unos 600 kilómetros, afrontando unos 18.000 metros de desnivel acumulado, y la mitad de los días de vivac, puesto que no había apenas albergues, ni bares, ni perro que nos ladrara, al menos hasta llegar a Villafranca . Menudo bautizo peregrino, para mi hermano Jose Javier, alias Maki.

Vuelvo a la realidad cotidiana de echar un pie delante del otro. Cruzo caseríos y pequeñas aldeas hasta llegar a la zona de Castro, pasando por delante de la antigua instalación para malatos (leprosería) de San Lázaro. El actual albergue a esta hora de la mañana está cerrado, y el lo mismo pasa con el Castro de Sanmartín, o sea que sin nada que rascar, que diría el otro, sigo hacia Peñalafuente. Un trasiego caminero que se desarrolla en paralelo a la carretera, que va en ascenso en busca del desvío de Bustelo del Camino.

Abandono la finta asfaltada, para subir al Monte de la Curiscada, cuya cumbral está jalonada por el límite astur-galaico, dando paso de este modo, a las tierras de Fonsagrada, que presenta nuevas obras en cuanto al diseño de la traza caminera, remodelada a modo de senda verde.

Un cartel nos anuncia, como Galicia entiende la industria peregrinatoria, ya que la Xunta de Galicia, según el cartelón promocional, ha invertido en la zona 477.875 E., tan solo en mejorar los caminos.

Con este tipo de actuaciones, es entender bien la industria caminera, aunque a mí no me guste tanto alicatado de firmes y tanta artificiosidad en los viales, pero entiendo que al personal peregrino le gusta que le faciliten el caminar. No puedo por menos, que estar contento de que los pueblos, hayan visto, un cierto renacer mediante la industria peregrina. Para estas zonas ese trasiego, no deja de ser una válvula económica importante.[16]

A fin de cuentas, es lo que siempre han sido los Caminos de Santiago, un continuo cambio de favores entre los poderes políticos, religiosos y económicos. También de ello se ha beneficiado el pueblo. Aunque la vulgata peregrina pinte al Camino con rasgos místicos y mitíficos, que los tiene.

No hay nada más que darse un paseo por la historia, y repasar algunos trabajos sobre la historia peregrina, como los que nos aportan historiadores como Ofelia Rey Castelao o Francisco Márquez Villanueva. Los cuales pintan una realidad muy distinta a la engrasada leyenda que colorean tantos estudios, estudiosos, y tanta agrupación de Amigos del Camino, bien encerados por el diverso lobby jacobeo.

Olvido estas reflexiones, y vuelvo la mirada, desde la atalaya del Monte de la Curiscada, para emprender la bajada hasta el límite

---

[16] Aunque parte de todo ese quehacer, con el Covid y la carestía de la vida lo trastocó todo.

astur-galaico como es el Puerto del Acebo. Donde hago una obligada parada, en el jalón fronterizo que representa la *Venta del Acebo.*

Al frente, contra viento y marea, el singular ventero D. Luis alias *El Lacónico.* Pero para ello, debo de correr, ya que a eso de las 2 de la tarde, el bueno de Luis, *pecha el chiringo,* caiga quien caiga, y a esa marcada hora se va de vinos por la comarca.

Llego justo a tiempo de tomar un vino godello, y encontrar en el establecimiento a Maki, dando cuartel a su inseparable *San Miguel,* intercambiamos algunas impresiones sobre cómo va la cosa caminera, y cada uno sigue a su aire.

Como siempre, rebusco alguna novedad por entre las viejas parades de local, donde siempre sale a relucir, el clásico cartel, de «Prohibido descalzarse».

Pero el lugar lo preside el cantante jamaicano por excelencia, para mí algo inexplicable. No veo, yo a Luis, escuchando a Bob Marley, ante las insistencia acerca de esa presencia en las paredes, nos suelta la historia: lleva ya lustros en ese emplazamiento

La Venta ya es vieja, sobre 1802, los tatarabuelos de Luis la fundaron la Venta, con cuya explotación siguieron sus padres, y en eso, sigue el bueno de Luis alias *El Lacónico.* Al que le gusta, aunque pueda parecer raro, tanto Marley como Pink Floyd, y como él mismo, decía «Me gustan; porque sí».[17]

Llegada la hora, el bueno de D. Luis nos apremia a concluir las consumiciones, pues quiere irse a sus otras *ocupaciones.* Concluyo el trago, y remolonamente me encamino al repecho que me espera monte arriba, la calorina que reina en la etapa de hoy es fuerte, No maldigo tal cosa, pues yo soy de los que optan por salir a caminar a la hora de los señoritos, a eso de las nueve de la mañana. Luego, eso sí tengo que lidiar con el *señor lorenzo.*

---

[17] En todo caso cuando este libro se está cerrando para editar, ya don Luis ha pasado al Oriente Eterno, concretamente el 6 de septiembre del 2023.

Subo a la Curiscada escoltada por sus sempiternos molinos eólicos, Desde lo alto, veo a un compadre peregrino correr hacia la Venta, en pos de alguna vianda o refrigerante líquido, pero creo que ha llegado tarde, don Luis ya sale todo repeinado, a coger su coche, ajeno al peregrino, rumbo al *Mesón Catro Ventos.*

Al mirar al Oeste, veo en lontananza los tejados del poblamiento fonsagradino, lo que no deja ser, algo así como un espejismo, pues aún restan kilómetros para llegar a dicha villa. A buen seguro, que los volveré a ver alguna otra vez. Eso sí, un poco más cercanos. Fonsagrada como París, se hará de rogar.

Llego al esperado enclave de *Catro Ventos,* la vieja encrucijada de caminos y caminantes. Sus atractivas efigies de *fierro*, que representan a peregrinos a pie y en bici, invitan a pasar dentro. Por cierto, otro guiño más. ¿Cuántos de esos se ven en Asturias? Más bien poquitos.

Recalo en el bar del restaurante, y allí está la americana Judy, con sus dos clientes, y como no, mi hermano Maki, con su eterna *San Miguel.* Al instante llega Luis *El Lacónico.* Un poco más tarde, dos funcionarios, dedicados a la inspección de las carreteras astur galaicas, se juntan con Luis, y como buenos entendidos en la materia, pronto se ponen a probar los caldos del Narcea. Les dejo pagada la ronda, tal como ha hecho algunas veces conmigo Luis, allá donde me encontrara: Grandas, en Oscos, etc.

El ventero del Acebo, o sea *Luis el Lacónico*, es como *El Ferreiru*, todo un personaje famoso por todos estos lares. Un paisano que parece metido en años, aunque en este momento tenga 62, constitución fuerte, pero de carnes blandas, hombre de poco pelo, pero bien arreglado y repeinado con gomina, y tras esos ratoniles ojuelos que la naturaleza le dio, ahora deja traslucir mucho sufrimiento... de un bon vivant.

En esa parada en la Venta, mientras espera la llegada de sus amigos, D. Luis se sienta un momento a mi vera, lo que ya es raro. Me da cuenta de su apretada agenda para ese día, tomarse unos vinos en el lugar en que estamos, dar cuenta de un buen plato de pescado que le apetecía. A la tarde ha de bajar a Cangas (Narcea) a probar unos orujos y unos caldos, aprovechando que debe dar el pésame a una viuda de un amigo, del cual habla bien. Lo mejor, el retrato que me hace de la reciente viuda..., pues ya se sabe lo que dice el refrán: *el muerto al hoyo y el vivo al bollo*, y me guiña un ojuelo, un bocado y de regreso a casa.

Maki deja el mesón y sigue hacia Fonsagrada, y detrás salgo yo para enfrentar el tramo final en completa soledad. Cruzo la Sierra de Follabal, cuyo tránsito se caracteriza por ese semblante de firmes alicatados. El sol aprieta con fuerza, y me quedo sin agua en una etapa dura que alcanza casi que los 27 kilómetros, y casi 1000 mts de desnivel, lo cual va haciendo mella.

Al final, alrededor de las 5 de la tarde alcanzo la venteada villa de Fonsagrada. Los últimos repechos, como el denominado del Silencio, me hacen sudar, notando que voy deshidratado. El incentivo es que nuestra particular logista, doña Noemi, ha cumplido debidamente el encargo, y nos ha anuncia que dormiremos justo al lado del Centro de Recepción del Peregrino, es decir, en el Albergue *El Cantábrico*. Que casi que estamos estrenando.

Instalados en el albergue fonsagradino, le damos a la bota de vino y a las viandas que traemos por aquello de reponer fuerzas, mientras examinamos el equipamiento hospitalero. A estas alturas, denoto que nos hemos quedado descolgados de casi todos los grupos, o sea de los canarios, de Isabelle, Valentín, y del holandés errante, así como del resto de la tropa peregrina, es decir: la protectora madre y su hijo, las dos alemanas, los mineros, etc.

Por tanto, no queda otra que hacer las paces con Maki, y en comandita damos una larga vuelta por Fonsagrada para tomar algunas fotos. El poblamiento no da para mucho, pero al menos hacemos de tiempo para cenar, sellando las credenciales y charlando un rato con Bernardo, el propietario del albergue *El Cantábrico.*

Este nos relata sus cuitas, sobre la imposibilidad de cubrir tales necesidades alberguistas, como las que presenta la parte asturiana en las inmediaciones de Fonsagrada, las cuales era su deseo cumplimentar. Ponerse manos a la obra en dicha región, significa de mano, multiplicar la inversión por el doble, dado que las casas, los materiales, y la mano de obra son más caros que en Galicia, amén de la tardanza en las tramitaciones. Al final la cuantía es tal, que hace imposible cubrir las posibles necesidades de la zona asturiana lindante con Fonsagrada. Desde O Castro, no hay albergue alguno. Llega la hora de la cena, y dejamos a Bernardo con sus cábalas.[18]

Los locales del condumio fonsagradino están llenos de parroquianos. Recalamos sin más en lo recomendada pulpería *Caldeira*, y nos sitúan en la mesa del fondo, en la de los parroquianos. Saludamos a unos peregrinos andaluces que acaban de llegar, y con los cuales nos hemos cruzado alguna que otra etapa.

La pitanza será en base a unas abundantes raciones de pulpo, cachelos y pimientos de Padrón, y como no, todo ello acompañado de una buena botella de vino blanco *godello,* cerrando el festín con té y café y unos orujos.

De esta guisa, nos vamos a la litera. Eso sí, tras un andadura de unos 26,6 largos kilómetros, realizados en 6 horas de movimiento, y con 2 horas escasas de paradas.

---

[18] Hoy, finales de 2023. Bernardo, no solo tiene un modélico albergue, sino un hostal reformado, y de calidad más que excelente

CAMINO PRIMITIVO | 8ª ETAPA, FONSAGRADA- CADAVO

Ayudando a le grey peregrina. Conociendo los caminos y a los caminantes

Esta parte del Camino Primitivo me es muy desconocida. El Cádavo y el concello de Baleira me son extraños. Por delante tenemos otros 27 kilómetros, y unos 730 m., de desnivel de ascenso, y otros 905 m. de descenso. Esas cifras, junto con el perfil, me dan la pauta de lo que son estas engañosas tierras tras los montes.

El Oriente Eterno gallego

En unos minutos nos ponemos cómodos con las mochilas y al nuevo peso, ya que hemos aligerado las mochilas en la diligente oficina de correos, enviando un paquete que se va para casa. En conjunto hemos aligerado casi que 4 kg.

Desentumecemos los huesos y nos vamos topando con la predecible Galicia, moteado el paso por las *Quintanas dos Mortos.* En este caso, ubicada en las afueras de Fonsagrada. Como dice muy acertadamente, el amigo Eduardo García con relación a los cementerios gallegos: «cuando uno se muere en estas tierras, no se va al cielo, sino que se cambia de acera [...] En los cementerios gallegos los muertos conviven con los vivos en serena armonía, sin que ni unos y otros se molesten». Así es Galicia.

Camiñando que es gerundio. Apariciones y reencuentros

Un par de fotos, y de nuevo a las trotaderas del Camino. Ante nosotros se abren las carrileiras gallegas que nos llevan por las aldeas, que a esta matutina hora, sus moradores duermen la mañana. Los caseríos de Xan Xuán y O Padrón, muestran vestigios del ser, y la esencia gallega, nos asalta al paso el hórreo, que mantiene la mixtura entre lo asturiano y lo gallego, constatamos a su vez la presencia de los inefables cruceiros que pueblan Galicia entera, hitos que marcan y parcelan los linderos religiosos de una comunidad, la cual se mueve entre lo cristiano y lo pagano a cada paso y en cada rincón lo vamos percibiendo.

El recorrido a lo largo de todos estos parajes nos aporta visiones, tal vez algo mitificadas, la engañosa suavidad de su paisaje, sus mullidos musgos de color verde intenso, sus ancestrales caminos cercados por la grisácea piedra por la que trepan líquenes y musgos, hasta la suavidad del habla en sus gentes... Lejos quedan los estertores de la Cordillera Cantábrica y sierras aledañas y las singulares gentes de las Asturias de Oviedo.

En el núcleo de O Padrón recuperamos, por unos momentos, a nuestra añorada amiga Isabelle, y con ella cruzamos la aldea, rayando el sol sobre nuestras cabezas, de bruces nos damos de nuevo con Judy y sus sempiternos clientes.

Seguimos todos juntos durante unos cuantos minutos a través de los viejos caminos, moteados por aislados caseríos que vamos dejando atrás, ahora trepamos al *mons altus*, o sea a las ruinas del hospital de Montouto (siglo XIV), lo que nos parece una sutil engañifa, habiendo dejado atrás la puerta astur galaica del Puerto del Acebo, pero en este caso Montouto, es algo más que un alto, ya que fue un importante hito alberguista, sus restos arqueológicos (dolmen neolítico) indican tal cosa. Este alojamiento fue mandado construir hacia 1368 por Pedro I, conocido como *El Cruel* o *El Justiciero*

Cruzamos la dormida zona de Montouto, sin que haya can de palleiro que nos ladre, como voy sin guía alguna, ni llevo aditamentos tecnológicos auxiliares, y sin explicarme muy bien porqué, me salto el importante vestigio de la zona, como son las ruinas del Real Hospital de Santiago de Montouto.

Pero para eso está Alberto Polledo, que dice que «algo debió de tener este sitio, pues estuvo habitado desde los primeros tiempos de la antigüedad, como lo demuestran la existencia del dolmen, la capilla de Santiago, el hospital...». A buen seguro que sí, pero no he visto tales yacimientos, valga como excusa que iba ocupado con el amigo Valentín, al que había vuelto a encontrar en el arranque de la subida. Y metidos como íbamos en su fatiga y desánimos, nos pasaron desapercibidos tales restos.

Aquí, al par de la singular sierra de O Hospital, la desnudez del paisaje hace mella, pues tan pronto azotan los cuatros vientos, como abrasa el solano, y como ahora la niebla ha desaparecido, el *sr. Lorenzo* empieza a calentar de madre. Maki se queja y camina rápido para ver si la tortura se acaba antes, Isabelle se quita la pashmina y sus múltiples fulares, la señora americana-mejicana de casi 80 años, que lleva Judy como clienta, baja la visera de su gorra y se deshace de las ropas largas. En un santiamén las chaquetas desaparecen, dejando torsos y brazos al sol. Parece que llega el verano.

Las vueltas que da la vida, y el Camino

El que suscribe y el sr. Valentín, vamos bajando despacio desde Montouto hacia Paradevella, donde encontramos aposentada en la terraza de *Casa Mesón-Parrillada Argentina,* a buena parte de la tropa peregrina: Maki y la troupe americana, a Isabelle, a cuya troupe nos sumamos, con un Valentín, que ha ido recuperando fuerzas y alegrías por el camino, sin saber muy bien cómo. Aunque todo el mundo debe preguntarse para sus adentros cómo este hizo las etapas anteriores.

Le habíamos dejado días atrás, aposentado, y medio agonizante en el hotel del Embalse de Grandas. En la etapa de Fonsagrada que salimos los últimos no le vimos, y los más madrugadores tampoco... misterios del Camino. Nadie hurga en la vida peregrina de los demás, y por lo general se deja que cada uno haga el camino que quiere y puede. Y aunque nadie del grupo parece importarle como lo ha hecho el amigo Valentín sus tramos, luego en privado salen a colación las dudas y las preguntas ante tantas incógnitas...ante tantas desapariciones y reencuentros

Ahora, allí estábamos todos, incluido el alemán grandote, y como no, atentos ante la puesta en escena de un «estrafalario» propietario del bochinche, para más señas argentino, el cual hizo las delicias y las gracias como natural de las quimbambas rosarinas.

La fraternidad caminera y peregrina

Cuando ya casi estábamos en la idea de que las cuestas habían ido concluidas, resultó que aún nos quedaba la famosa *Cuesta del Sapo* que trepa por el Penedo Apretado, y en cuyo tramo me encuentro de nuevo a Valentín, que ha salido un poco antes. Allí está resoplando, sentado en el suelo, y quejándose del calor y la falta de agua.

Me paro ante tanto desamparo, y charlamos de las cosas de la vida y del Camino, puesto que de nuevo está dispuesto a dejarse morir, pues está totalmente derrotado. Ante tal situación tomo la opción de llevarlo en volandas camineras hasta el pueblo del Cádavo. Le obligo a que acompase su ritmo con el mío, a la vez que le voy dando conversación, pasándole agua y algún que otro gel de supervivencia, para que al menos llegue a Cádavo.

Poco a poco, vamos superando los toboganes que nos presenta el trazado, realizamos a cada tramo paradas cortas, para que las piernas y rodillas no le fallen, pues tenemos el hándicap que las sombras son más bien escasas, lo que hace más dura la andadura.

Al fín, llegamos al abierto núcleo de Fontaneira con su capilla dedicada a Santiago, que además en sus tiempo fue parte de un antiguo hospital de peregrinos, lugar que hoy ocupa el bar *Casa*

Bortelón, donde una buena moza de apretadas carnes, nos atiende de maravilla, para mí una fresca *Estrella de Galicia,* y para Valentín agua mineral con gas y limón, y de nuevo otro helado.

Valentín me pide que le deje a su merced, y que ya irá recomponiéndose de la andanza, pero veo que se le amontonan las urgencias, pues está en la idea de buscar una pensión para dormir, aunque parece ajeno a que estamos transitando por aldeas minúsculas, donde es difícil encontrar cama para una noche. Se empeña en la búsqueda, pero lo que pudiera haber está lejos, y es preciso moverse en taxi. La tabernera lo deja por imposible tras analizar las distintas posibilidades, en general poco viables, salvo irse al Cádavo, bien andando o en taxi.

Llegados este punto, le ofrezco la posibilidad de conseguir una litera en el albergue que ya tenemos cogido en Cádavo, y tras no ver alternativa para concluir la etapa, creo que le da corte llamar a un taxi, y ofrecerle de nuevo mí ayuda para seguir adelante. Nos trasegarnos los correspondientes toboganes de la Serra do Candín, hasta la bajada final que nos permite desembocar en el pueblo de Cádavo. La suerte la tenemos de nuestra parte, el albergue *San Mateo,* está justo a la entrada del pueblo. Valentín ya no daba un paso más.

Realizado el oportuno aseo personal, y adecuación de nuestros ensere y lugares de dormida, nos preparamos para una cena comunitaria, que para muchos es la primera en su vida peregrina, Maki pone el vino, y los demás la logística y algunas cosa más, luego llegó la sorpresa, con la gran compra realizada por Valentín., Como esta es su primera incursión peregrina, y ha hecho un montón de kilómetros, y le he salvado de morir en el desánimo, nos obsequia con unas estupendas latas de atún, del bueno, y alguna otra lata de gordos mejillones, y otras delicatesen de la zona.

Resulta que tan entusiasmados estuvimos en la gran bacanal que paradójicamente no hay noticia gráfica de tal hecho, cena que cerramos acompañados de la señora hospitalera, propietaria del albergue, y ya todos juntos, dimos buena cuenta de una tarta de coco que me comprometí a realizar. A lo dicho pecho.

CAMINO PRIMITIVO | 9ª ETAPA, CÁDAVO-LUGO
Filosofando sobre el Camino. Peregrinos y peregrinajes

De nuevo al Camino

Una nueva etapa, y como siempre, al despertar veo que estamos solos; el resto de los peregrinos, incluido Valentín, ya se han ido al camino. Es de suponer que estarán desayunando, cosa que no tardaremos en hacer nosotros, sí encontramos un bar para ello. Lo que vimos en el paseo por la capital de concello de Baleira ayer por la tarde, no es que nos satisficiera mucho. Ya lo habían adelantado los escritores Alberto Polledo y Miguel Barrero, los cuales adelantaban, que bonito el pueblo no es, al menos a primera vista.

Cuando nos dirigimos al camino rumbo a Lugo, nos envuelve una cierta atonía dada la niebla que empaña todo el recorrido Hay poco que ver o mirar, lo cual invita a la reflexión mientras voy acercándome al desvío hacia la llamada *Catedral de Castroverde.*

Opto por esa variante de carácter patrimonial, y tras un tramo por un amplio pinar, llegamos ante la impresionante iglesia erigida entre los años 1457 1468 y se etiqueta como de estilo pre-isabelino, con pizcas de estilo gótico flamígero y toques renacentistas, siendo su fundador uno miembro de la Casa de los Lemos y pazo , que nos dejan extasiados. Realizamos una amplia sesión fotográfica recogiendo cuantos motivos salta a la vista, incluido el bello escudo con los roeles que porta el pazo y perteneciente a los Lemos, El pazo mandó construir en la década de 1660, para su retiro un arzobispo y virrey de Méjico, un tal Diego Osorio Escobar y Llamas, dicho apellidos dan origen a uno de los escudos de la iglesia,

Pero el viaje continua, y lo hacemos a través de viejas caserías envueltas aún en la densa niebla, lo cual me lleva a mis antiguas lecturas galaicas allá en la parroquia de Valeixe, en base a autores como Valle Inclán, o los relatos de Wenceslao Domínguez Flórez, sin dejar de lado mi libro de cabecera en este camino: *Las Tierras del fin del mundo.*

Al llegar a esta parte del territorio, recuerdo que por estos predios tuvo lugar una cruenta batalla entre los nobles gallegos y el rey Silo, debido al nacionalista deseo de separase del reino asturiano. En esa batalla del *Mons Cuperius*, (Montecubierto), Silo les ganó la partida a los gallegos, y se acabaron las disidencias que tanto trabajo le habían dado tanto al rey Fruela tras la anexión de la Gallaecia, por parte de Alfonso I, al incipiente reino astur.

Filosofando sobre Caminos y Peregrinos

Sigo andando, y me embozo en la virtual esclavina del caminante solitario. Durante todo este trasiego andarín, intento responder a esa pregunta que todos nos hacemos en un momento dado: ¿Qué carajo hago aquí, perdido en medio de la nada y envuelto en densas nieblas, caminando tras una quimera jacobea?

Cuando llevas unos cuantos días echando un pie delante del otro, y ya estas cansado por la andadura y el *colgadiello* de la mochila, uno debe confesar que no es un peregrino al uso, sino un *Viajero de Bordón.*

Así lo confieso a pies juntos. No soy creyente, aunque lo fui como rebelde miembro de los monacales claustros, ya fuera en las galeras burgalesas, en las madrileñas o catalanas. Hasta que un grupo de miembros de la incipiente clerecía espiritana tiramos por la calle de en medio, y nos fuimos en amor y compañía a fundar una comuna religiosa a Valeixe (Pontevedra) de la mano de mi potestativo padre y maestro, el pater Waldo Romero.

De esas resultas terminé convirtiéndome en un heterodoxo e impenitente viajero, defensor de la razón frente a la fe, o sea, un activo agnóstico para unos, e impenitente ateo para otros.

Ahora ha llegado el momento de contestar algunas de las cuestiones planteadas, ante un innegable paradigma, como ha sido este de echarse a los *Caminos del señor Santiago*. Lo cierto es que ya lo hice en los años 90, estudiando el nacimiento de la iglesia visigoda en su desarrollo en la Tebaida Berciana, con la acción místico religiosa de los eremitas del Valle del Silencio. Este fue mi acercamiento a los aledaños del Camino de Santiago, aunque el Camino no era una cosa importante en ese contexto. Tal vez porque eran dos dimensiones diferentes de la expresión espiritual y mística, o porque el Camino terminó siendo definido, en base a un desarrollo exotérico, llevándolo por el eje profano, y no por los entornos esotéricos que marca la Tebaida: por Compludo, Las Valduezas, Santiago de Peñalba, San Pedro de Montes, etc.

Luego fue por trabajo, para eso tan corriente de ganarse el pan, y que mejor que hacer lo que uno le gusta, como es la montaña y los senderos. Actualmente, al menos desde el año 2000 de he vuelto a los caminos, fruto de una evolución que me ha llevado a los campos de la investigación, estudiando y recorriendo caminos todo ha servido y sirve: sendas neolíticas, veredas de cazadores, calzadas de colonización y explotación, redes de Caminos Reales, para todo tipo de caminantes, fueran estos, quienes fueran: soldados, nobles, diplomáticos, mensajeros, arrieros, peregrinos viajeros, simples paisanos de la tierra.

Es decir, ejercitar el conocimiento y la razón desde la perspectiva del *home viator*, y no desde la fe del castizo peregrino, que surca caminos para salvar su alma o redimir sus penas, o de aquellos otros que coleccionan caminos sin fin, de los cuales terminan exponiendo en la redes sociales en clave de dificultades, de sudores, de pesos, o de ritmos...

Creo que el Camino de Santiago es un *Camino de Peregrinación* en el sentido más amplio del término, el cual tuvo muchas facetas y muchas caras. Fue un trazado, o trazados pluridiversos que traspasaron muchas épocas, diversos momentos, y como no, increíbles vicisitudes. Un fenómeno que movió a pobres y a ricos, a satisfechos y a los hambrientos que, como tal, tuvieron que echarse a los Caminos para ganarse el sustento de cada día. De hecho, las mejores épocas de peregrinación fueron casualmente los tiempos en los que hubo mayores epidemias y hambrunas, como las habidas en los reinos francos, incluida la peste negra.

Por otro lado, no se puede negar que desde los comienzos de estos trazados en pos de una enseña religiosa, reliquia o santo, que se dio desde los propios comienzos, y siempre arrotando una intensa estela de explotación por parte del alto poder religioso y civil, que se aprovechó de ese fervor místico del *peregrino orante,* al que con el paso del tiempo terminarían convirtiendo en *peregrino penitente,* y pendiente de la ortodoxia religiosa católica y su exigencias y ritos.

La estirpe de Alfonso II *El Casto*, lo tuvo muy claro, y como tal fueron anexionando la tiara y él báculo a su reino, doblegando las herejías trasmontanas, a la vez que iban acrecentando poder sobre el clero y la religión, a la vez que alimentaba el griálico talismán del Arca Santa y sus precisas reliquias celosamente guardadas en el faro radiante de la catedral de San Salvador.

Tal fue la atracción que se dio entre las gentes nobles y del común, que ello supuso que, durante el reinado alfonsino, se dieron en solo año 127 libranzas de peregrino. Pueden parecer pocas en para aquellos momentos, pero no era la época de las peregrinaciones regladas al uso, como luego se constituyó, cuando llegó el fenómeno jacobeo, con sus obligaciones, deberes y ritos se impuso como norma.

En ese sentido la nobleza visigoda sabía del peso de la religión, del papel que jugaban las reliquias de los santos y santas en el ánimo de las gentes, y como no, Alfonso II, fue de los reyes asturianos que más claro lo tuvo, sabía bien el poder de construir una *vulgata creyente*. Era conscientes de que eso movía muchas voluntades, no hay que olvidar que Asturias entre el 850 y el 1050 llegó a contar con unos doscientos hospitales repartidos por toda su geografía caminera, y así fue, que andando el tiempo, en el año 1671 se mandaron imprimir por parte de la Catedral de San Salvador de Oviedo, la inestimable cifra de las 20.000 buletas peregrinas.

Voy pensando en todas estas cosas mientras camino, porque por esa herida es por la que sangramos, que se dice, casi todos los que nos encontramos y nos reconocemos en el Camino.

Y nos preguntamos a cada paso acerca del por qué cada año, se mueve tanta y tanta gente, tantos y tantos días caminando, en una cuasi permanente emulación del quehacer de quehacer de los peregrinos de antaño. Muy lejos del sentido que le dio el viejo padre Abraham, como dice Mario Clavell en *Los caracoles también llegan a Santiago,* seguir « las huellas del padre de todos los creyentes, él con sandalias y cayado, nosotros con botas de gore tex y sticks telescópicos. Somos hijos de la misma tribu». Aunque no del mismo sentir, diría yo.

Eso sí, hoy esa peregrinación reúne notables y profundas diferencias, tanto estéticas como de concepto, a veces sin ser sinceros con esa traza y con ese destino de llegar a Compostela y postrarse ante el apóstol Santiago. En mi caso, como soy *Gente del Bordón*, soy un tipo raro, un ecléctico, que no siente la necesidad imperiosa de ir al *Finisterrae jacobeo,* ni al del *fin del mundo,* aunque fui una vez, y curiosamente me firmó la Patente (la Fisterra), un alcalde masón.

Incluso puedo decir en alto, y sin temor alguno, que he dado alguna que otra vez, la vuelta antes de llegar a Santiago, pues el objetivo para mí, no es postrarme ante el Señor del Trueno, sino aquel que me pone y me sitúa en el propio quehacer de realizar el Camino, en el tiempo y n el espacio que me estoy moviendo.

Ya en su tiempo lo dijo Manuel Machado, y lo cantó Joan Manuel Serrat. «Caminante, son tus huellas, el camino y nada más; Caminante, no hay camino, se hace camino al andar».

No diré que hoy el Camino sea una farsa, aunque sí que en momentos dados dicha construcción ha rayado la tramoya político-cultural-religiosa, esa que los poderes políticos y los agentes turísticos e incluso los aláteres religiosos han ido articulando a través de los viejos caminos jacobeo hispanos,

Marginando otras caminerías tambien peregrinas como las salvadoreñas, para contribuir a una vulgata romántica jacobea, la cual sustente el abultado negocio mercantil, que viene de lejos en base a los tráficos de reliquias, los magros negocios caritativos de los albergues y hospitales, lo que traducido a la actualidad, ello nos permite comprobar de su potencia viendo como crece el emporio del Xacobeo,[19] hoy llega a ofrecer unas vacaciones baratas, o subvencionadas a los jóvenes (entre los 17 y los 30 años) con tal de que se llegue de la mano de una agencia turística en pos del *Señor del Trueno.*

En clave sociológica, estamos ante un fenómeno de masas, ese que el señor Fraga Iribarne puso en marcha hace unos cuantos lustros, y cuya propuesta cada vez más actualizada, hemos ido siguiendo, de una u otra manera, modernos y postmodernos, y

---

[19] El Plan Estratégico del Xacobeo 2021 tuvo este desarrollo fue para el 2019 de 58.833.308 millones E, en el 2020 subió a 82.67.231 millones E .

mantenida desde las más diversas ópticas, desde ateos y creyentes a beatos, etc., y que todos los años nos echamos en pos de la aventura *controlada* del Camino de Santiago, donde el gran hándicap se sitúa en el precio *low cost* caminero. Y quien diga lo contrario, que estudie las cifras que aporta Jesús Arango *en su libro El Camino de Santiago en Cifras.*

En dicho libro, el economista Arango muestra el perfil de los consumidores de ese producto caminero tan particular como son los Caminos Jacobeos. Trazados que hoy engrosamos jubilados y parados, abordando una aventura controlada (y hasta controladora, hoy la Guardia Civil escolta y vigila nuestros pasos por si nos hacemos daño) en la cual hasta podemos permitirnos ser laicistas agnósticos y hasta ateos, aunque eso sí nos dejamos contar por la institución religiosa...,[20] en fin, todo en pro de un ejercicio de interiorización que decimos los agnósticos del asunto, o de elevación espiritual que dice los creyentes.

No debemos olvidar, como a veces lo hace Alberto Solana en su libro *El Enigma compostelano*, «que este trazado peregrino se soporta sobre viejos caminos, sobre viejos cimientos que dejaron otras culturas y otras espiritualidades, y no es cierto que la fe haya hecho el Camino, sino que a través del caminar se ha podido, se ha querido y hasta se ha obligado a representar la fe, que es cosa distinta y que muy poco se manifiesta, parafraseando a Mario Clavell «los peregrinos ilustrados y los espirituales» terminaremos salvando, de uno u otro modo, el Camino».

---

[20] EN el año 2017 llegaron a Santiago 301.036 peregrinos/as /casi que al 50 % por género. Motivos religiosos: 142.662; Religiosos 130.831, No religiosos unos 27.543. peregrinos.

La fe y sus manifestaciones

En relación con este tema, me llama la atención el énfasis que la literatura jacobea pone en el espíritu cristiano de los Caminos de Santiago. Esto refleja la construcción de la *vulgata* construida ha sido siempre sobre el modelo del Camino «francés», que no deja de ser el catálogo-muestrario de la ortodoxia católico romana impulsada por la fe cluniacense. Frente a esto, se confrontan los usos y ritos visigodos que, para algunos eran medio heréticos y de cuño pagano Quizás bajo este criterio se pueda entender mejor el quehacer de Beato de Liébana en pos de la ortodoxia católica, y su lucha contra el paganismo de las zonas montañosas asturianas.

Hoy en día, son pocos los equipamientos donde he visto la plasmación del sello religioso. Tanto es así que se puede decir que los albergues diocesanos, son más bien escasos. La magnitud de ese déficit no lo muestro yo, sino que son los propios obispos españoles los que llaman a su propia grey a mostrar ese espíritu peregrino en público, al menos durante la realización del Camino.

Aunque dicha llamada se recibe, la respuesta es que ese espíritu se muestra medio escamoteado, casi que podría decir que de una manera semi avergonzada. Siento, que a veces el peregrino actual, digamos el creyente, le incomoda hablar de las motivaciones religiosas que le mueven a realizar el Camino. Siempre me ha llamado la atención la ausencia del clero regular con respecto a este asunto de la *peregrinatio.* Mira que se cruzan parroquias y lo poco caritativas que se muestran estas con los peregrinos, mira que hay monjes en el mundo y los poquísimos que se ven en los Caminos...

Creo, al igual que el iconoclasta Andrew Boorde, que el Camino Jacobeo, es la expresión cultural de la identidad cristiana de Europa. Aunque a mí me recuerde más bien la forzada construcción identitaria de colocarnos a todos de cara a la meca cristiana, que en aquellos momentos y circunstancias, no era otra cosa que la fe católica, apostólica y romana que Cluny forzó e impulsó a golpe de monacatos y alianzas, políticas y religiosas para construir un relato determinado. El cual terminó por formar parte de nuestra historia como pueblo y parte de los Caminos Jacobeos.

La *constructio* determinada una *Vulgata canónica,* que tenía otros objetivos muy concretos como era acabar con un diverso y plural *statu quo,* confesional y político que se daba en esa divisoria en la que se dio el Camino Francés, sobre todo lo que había al Norte y al Sur de esa virtual franja, a modo de tierra de nadie en la cual cristianos y musulmanes se aprovisionaban de víveres, de esclavos, etc.... y que se constituyó a modo de franquicia para la ortodoxia católica romana.

Por otro lado, si es como dice A. Solana, el «Camino tenido como expresión y realización de la fe», ante ello me pregunto ¿Por qué el Camino en la zona del Bierzo, no entra de lleno en llamada la Tebaida berciana y visita sus grandes inputs: como son: Compludo, Santiago de Peñalba, o el Valle del Silencio, o San Pedro de Montes?

Puesto que en el fondo es un territorio que representa el nacimiento de una iglesia cristiana de raíz y tamiz visigodo, la cual desde el modelo eremita enseña y muestra como era de abierto ese nacimiento, sobre el que se fue cimentando la futura iglesia cristiana, la cual posteriormente la irán cubriendo de adjetivos calificativos: católica, apostólica y romana, etc.

El Camino Francés, que para mi gusto personal, para ser más auténtico, en lo relativo al eje de Foncebadón, es que debiera dejar del lado Molinaseca e incluso Ponferrada, y adentrarse por el puerto del Acebo para irse hacia las Valduezas de la mano de los monjes ermitaños como fueron: Valerio, Genadio y Fructuoso., para de este modo subir a los altos enclaves mozárabes camino de Peñalba de Santiago, y alcanzar los enclaves eremíticos del Valle del Silencio, todo ello perdido en los aislados montes del Teleno y el Morredero, en cuyas cercanías se instaló el importante monacato de San Pedro de Montes.

Pero al Camino institucionalizado, primeramente por Cluny y luego conformado y confirmado por los diversos intereses políticos religiosos, le ha parecido más bien que el Camino se desarrollase por los poblados predios urbanos, y se asentase en las poderosas villas como Ponferrada o Villafranca.

Lo que hizo Cluny con el establecimiento de la *marca* del Camino Francés, fue precisamente eso, soslayar todo aquello que daba lugar a la duda, a la diversidad, y bastardeó cuanta herejía, leyenda, o historia, importunara el mensaje «universal» de la ortodoxia religiosa que ellos pregonaban, incluso erradicando y marginando del Camino a otros hermanos de congregación más respetuosos con la idiosincrasia de los territorios rurales y sus creencias.

Por mi parte, me sitúo en esa vanguardia militante de la secularización del Camino, donde lo que importa, al menos en mi caso, es la *Vivencia del camino*, pues igual disfruto haciendo el Camino de Santiago, que realizando el Camino Francés, o el Camino Primitivo, exento de casi todo, menos del fuerte sabor ambiental que diluye los efectos de lo religioso. Más allá de los hitos propios de la presencia espiritual que convive con la creencia semi pagana que reza en cada pueblo.

Evidentemente me valen esos Caminos, pero también gozo de la caminería que en su momento hice, y hago, atravesando media España siguiendo las trazas de las ovejas merinas por las cañadas reales de Norte a Sur. Es todo un privilegio trasegar por los caminos trashumantes de pastores y ganados que desde muy antiguo dejaron su impronta en los pueblos, y cuyas huellas a veces sigo por territorios aledaños como Babia u Omaña, cuyas huellas también siguieron en su momento los peregrino. De hecho, para mí fue todo un descubrimiento conocer una cultura ganadera, o sea la de unas gentes y unos pueblos reunidos y vertebrados por el sostenible paso de los ganados, y una fe inalterable en ellos.

Sigo en el Camino

Basta ya de filosofar, pues todavía quedan horas y días para hacerlo, y será bueno prestar atención al trazado, pues llega el momento de dar una alegría al cuerpo, después de un largo trayecto en solitario. Será en Castroverde cuando me reencuentre con mi amiga Isabelle (Oporto) y una jovencita peregrina que la acompaña. Esta última, ignorando por completo la lengua de Cervantes o la volteriana, pues yo creo que es más bien de la estirpe de Lutero, pues no hace otra cosa que sonreír cuando se le habla, y lo hace desde esa ternura semi inocente de la juventud que se echa al Camino.

De nuevo el ritmo de la etapa lo marca Maki con su peculiar andar y buen bordón, envidia de artesanos y peregrinos.

Nuestra joven compañera teutona que anda de un modo extraño, ya que rota sobre la cadera y mueve los brazos de manera sagaz, al estilo de una danzarina, lo que se me hace extraño para alguien que porta una mochila. Pero ahí está ella, sosteniendo el paso y el peso, y sin bordón ni bastón que la sustente en su bailarín paso. Para ella el Camino es un desafío personal importante viendo como camina y goza de los recorridos.

Pasamos por algunas aldeas que siempre nos deparan al paso alguna sorpresa, pues muestran sin pudor lo antiguo y lo moderno, el mítico granito y el aluminio de la última generación. Hago una foto de contraste que se me antoja la foto de este Camino, ya que reúne en sí misma dos conceptos, dos formas de vida, que apenas si se miran, aunque se entrecrucen, me refiero a esa peregrina moderna y altiva que circula ante la campesina gallega enfrascada en sus quehaceres y doblada sobre sus verduras azada en mano. Esto es también Galicia.

Lo que son las cosas, en esta ocasión como no había preparado muy a fondo el viaje, sino que iba detrás de los recuerdos de lo leído, y lo que nos asaltara en el camino, me salté uno de los inputs más importantes del Primitivo, como fue la iglesia de San Salvador de Soutomerille, que no está en el mismo eje del Camino, hay que desviarse aunque se puede volver a él, realizando un bucle.

Soutomerille, ya no guarda las esencias del románicas, tan solo nos quedan referencias de ello y de que en tal sitial hubo una primera fundación monacal del tipo familiar, y dedicado posiblemente a monjas, aunque el edificio nos muestra algunas particularidades: una ventana visigótica con cinco aspilleras rematadas mediante arcos de herradura, sobre la cual colocaron , seguramente en la redificación de la iglesia en el siglo XVII una placa que dice Quan sit antiqua/ecclesia lapis in/ ferior testatur. (cuanto es antigua la iglesia lo atestigua la piedra inferior).

Y es que la etapa de Cádavo a Lugo es larga y algo monótona, y por en medio hay poca cosa, y la que hay como es este caso pues pasa desapercibido. Lo que no sucede con la ansiada llegada a Lugo, cuyas vistas en la llegada a la zona de la Chanca y el río son bonitas y hasta excepcionales con respecto al entorno que algo desgraciado, al menos subiendo hacia la ciudad lucense.

Nuestra logista particular Doña Noemí, nos había reservado para esta etapa un albergue privado *Casa da Chanca*, eran las únicas plazas disponibles que quedaban en todo Lugo. Llega Maki al albergue, y al poco vuelve a hacerse humo, y no regresará hasta bien entrada la tarde, que supe de su vida y andanzas.

Estaba leyendo el *Enigma Compostelano* de Alberto Solana, cuando se abrió la puerta de la habitación que en principio solo compartía con Maki, la sorpresa fue ver a una peregrina holandesa entrar en la habitación, a la cual durante la etapa y cerca de Lugo había ayudado en dos desfallecimientos que tuvo durante el trayecto.

Me levanté y la ayudé a quitarse el plomo de la mochila, ya libre de ataduras se fue directa a la ducha , tal como su madre la trajo al mundo, sin importarle ni hombres ni intimidades. Tras un largo baño, para el cual le pedí al hospitalero un kilo de sal para la bañera, le piqué a la puerta del baño, y le mostré la sal para el baño, aceptó gustosamente la sal y un gel tonificante que yo tenía para alguna ocasión de poder bañarme.

Allí quedó la bella holandesa en el relajante baño, del cual volvió a salir como dios la trajo, le ofrecí un relajante muscular que tomó de buena gana, y allí la dejé abrazada a su almohada durante sus buenas cinco horas de siesta, siempre al estilo de *Eva al desnudo*, eso sí hacía calor, así que fue bueno dejarla dormir tranquila después de tanta fatiga como traía.

En esas llegó Maki, y aproveché para subir hasta el centro de Lugo, quería ver una ver una vez más algunas cosas, pero ya subí casi que cayendo la tarde, y cuando me dirigía a la catedral, me di de bruces con la asustada Isabelle que había perdido la cartera, aunque en esos precisos momentos la estaban llamando para decirle que la habían encontrado, por cuyo motivo tenía prisa por recogerla y sacar el billete, pues había pensado en volver al día siguiente a Oporto.

Recuperada del susto, y sacado el billete *on line* nos sentamos a tomar una cerveza, y en ello estábamos cuando se nos juntó a nosotros la joven teutona, a nuestra vera llegó luego también la holandesa que vagaba ahora por Lugo, formando entre todos un grupo curioso, donde nadie manejaba la lengua español, salvo Isabelle, todo eran cruces de miradas, de complicidades varias y traducciones exprés cuando le explicaba a Isabelle el trasunto de la holandesa, desde que la ví por primera vez, tirada en el suelo y el relato de la habitación y su larga siesta.

Tras la segunda ronda de cervezas, Isabelle y el que suscribe nos fuimos en pos de una tapa de pulpo, pues ambas peregrinas, la teutona y holandesa, rehusaron nuestra compañía, y sin apenas vagabundear por las concurridas calles lucenses nos fuimos al tapeo del buen pulpo gallego, todavía abundate por estos pagos y en aquellos tiempos.

La etapa de hoy, fueron unos 29 km con unas 5 horas caminando y unas dos horas parado.

Hablando sobre los precios de los alojamientos, hay que indicar que fuera de los albergues municipales en general muy pequeños, salvo los albergues institucionales de la Xunta, que por lo general son buenos, y estan muy bien de precio, lo que sangra el presupuesto del peregrino son esas alzas de precios que se dan en algunas regiones.

Total que me quedé si ver más cosas de Lugo, aunque por su cercanía a Asturias, es un ciudad ya conocida de otras andanzas.

CAMINO PRIMITIVO | 10ª ETAPA, LUGO PONTE FERREIRA

Esfuerzos y recompensas

Tras despertar a la hora que nos pareció conveniente, esta vez no teníamos *transilvanos,* y con un lavado rápido de cara, tras el cual Maki se escapó raudo y veloz. Dado que la etapa de hoy sería dura, ya que queríamos saltarnos Castro Romano, si no queríamos tener problemas de nuevo con la presencia de los peregrinos canarios en la zona. Dejamos a la holandesa en los brazos de Morfeo, y agarrada fuertemente cual naufragio a la almohada.

Maki tampoco es que tuviera de buen humor y yo tampoco con él, pues me había quedado sin comer esperando su llegada , y como el albergue queda lejos de toda tienda o bar, pues hube de conformarme con lo que quedaba por la mochila que era más bien poco, además bajó ya las tantas, con el tono subido de la malta y el lúpulo, mientras yo hacía las veces de lavandera y demás. Cuando bajó resulta que ya había comido y merendado con un amigo.

La salida del centro lucense me resultó interesante por aquello de fotografiar las puertas de los notables edificios lucenses. Incluso fotografié algunos de los de los herrajes y picaportes que me salían al paso. Quería haber visto las iglesias de la ciudad, pero la etapa es larga, y en ese embobamiento fotográfico, se me había ido el tiempo, y no sabía ni donde estaba.

Santiago y sus representaciones

Al final tuve que preguntar a una buena señora, la cual muy amable me llevó casi de la mano hasta la embocadura de la Puerta de Santiago, o Puerta Miñá, algo que el hospitalero de *A Chanca* no recomendaba realizar, ya que él hablaba de ir por otro itinerario más lúdico. Fuera como fuere, me interesaba ver tanto, la puerta como la representación gráfica de Santiago,

Fue una cosa, muy satisfactoria el ir de la mano de una resuelta madura de empingorotado escote, pues tras la puesta escena de la peregrina holandesa, la cosa de la autoestima estaba cogiendo bríos.

Dejando lo mundano, y yendo a citada puerta, esta muestra dos partes: una la heráldica que no supe descifrar, y otra correspondiente a una imagen escultórica, donde se expone a Santiago montado en su caballo arrollando a un personaje a medio camino entre hombre y monstruo. No parece ser la representación de un moro, pero sí de algo «monstruoso»,». El conjunto escultórico viene datado del 1759.

Está claro que el paradigma de Santiago Matamoros, no es producto del franquismo, sino que viene recogido desde mucho más atrás, digamos que lo tenemos presente con el final de la Reconquista y el comienzo de la *peregrinatio*, dice Francisco Vázquez Villanueva que fue «en contraposición a Roma tras la sagaz iniciativa del gran jubileo organizado por el Papa Bonifacio VIII».

Volviendo a la Puerta Miñá, dice la información cultural que «fue empleada hasta 1589 por los canónigos y sus sirvientes con el fin de acceder a sus huertas. Esta puerta era la única que permanecía abierta en tiempos de la peste. Fue ensanchada en 1759 por el Obispo Izquierdo y Tavira para facilitar la entrada de carruajes». Y fue en este punto donde se colocó la figura de Santiago Matamoros.

La buena samaritana que se había quedado conmigo mientras hacía a sesión de fotos, la cual muy atenta me fue leyendo desde su teléfono móvil lo que la información turística decía de la puerta. Muy recatada ella, que si no tengo mucho prisa, me invita a desayunar con el motivo, si no tengo inconveniente en que le cuente cómo es eso de hacer el Camino, pues algo había leído y se siente intrigada por algunos aspectos de los viajes, y le gustaría que un peregrino le contara las cuitas camineras, de camino a la confitería nos intercambiamos los números de teléfono, por si algún día, ésta precisaba de alguna otra información.

Volviendo al Camino.

Concluido el desayuno de chocolate espeso y pastel, y cerrada la plática sobre la *peregrinatio, y* resueltas las dudas de la buena señora, tras despedirme, baje por la calle empedrada que ella me indicó, la cual se haya muy carcomida por las nuevas construcciones, pero aún quedan rastros del viejo quehacer canteril, que se deja ver en el suelo y en los remates de puertas y ventanas. E incluso se pueden ver algunas figurillas como la de un supuesto San Lázaro, y ya no hablo de la monumental portalada de la *Finca de Boucello*, fea como ella sola, aunque se adorne de diversas representaciones jacobeas.

Subo por La Cuesta en dirección al núcleo de A Regas, siguiendo por la izquierda de la finca y por la LU-P 2901camino de O Burgo. Cuando el sol ya penetra en los caminos, salta al paso la *Parca*, mostrando los diversos penachos que coronan los panteones de la *Quintana dos Mortos*, una visión un tanto ecléctica e iconoclasta de la vida y la muerte.

Cerca de O Burgo recojo en la retina fotográfica la presencia de manantiales y fuentes, como la de Ribicas, dichos elementos salpican y marcan toda la caminería. Está claro que son auténticos hitos indicativos de que el camino, se construía con ellos y en base a ellos, las fuentes y los manantiales.

Llego como quien no quiere a San Vicente do Burgo a cuyo paso me encuentro con su monumental iglesia barroca, signo y prestancia del poder eclesial, pues la aldea son cuatro casas y la iglesia es de un tamaño que asombra, aunque el lugar se humaniza con la cotidiana presencia del cruceiro que jalona el camino. Una mirada al cementerio que rodea la iglesia, y directo al bar de *As Searas*, para tomar un tentempié, y enterarme por la joven camarera de que Maki estuvo por esos mismos lugares en compañía de sus amigos los «canarios», no hace tanto tiempo

El bizcocho que se ofrece para acompañar el café está muy apetecible, por lo que no me resisto a probarlo. Hago un segundo desayuno antes de salir a patear la carretera LU-2901 que me lleva como en el juego de la Oca a otra iglesia, eso sí menos pomposa como es la iglesia románica de San Miguel de Vacaron o Bacurín, que estaba situada al pie de la vía romana XIX, *Itinerario Antonino,* hoy Camino Primitivo. Es interesante su colección de canecillos de aire erótico algunos de ellos; así como la cotidiana coreografía de enterramientos que la cercan como toda iglesia gallega que se precie.

Dejo una vez más que sea el amigo Xurde Morán quien muestre y cante las excelencias acerca de todos estos predios que lo hace muy bien y detallado, pues por mi parte apenas si recojo más dato que su planta, quedando de manifiesto mi ignorancia.

Ahora desfilo por corredoiras y sencillos caminos del Mera, pero pronto tengo que dejar tan sinuoso trazado para seguir al filo de la LU- 2094 hasta San Romano, sin que apenas haya nada que llame mi atención, salvo unas ovejas que ya van de recogida dado el calor reinante.

A la entrada de San Romao da Retorta, encuentro al triunvirato «canario», amigos y guardaespaldas de Maki, los cuales ya se están estacionando para tomarse unas cervezas, antes de coger su plaza en el alojamiento en el diminuto pueblo de S. Romao.

Justo unos cientos de metros más allá, un miliario, (réplica) de otro que databa del 40 d. C, y que indica que por estos lares pasaba la vía romana de *Lucus Augusti* camino de Iría Flavia, y en cuya placa dice que el miliario es réplica «do miliario atopado preto de auí yi agora no museo diocesano de Astorga. Erueito no século I polo año 40. Caio Cesar Augusto, bisneto de Augusto Pontífice Máximo Terceiro no poder tribunicio Cónsul por terceira vez. Pai da patria».

Caminos y Calzadas y autopistas jacobeas

Siempre que veo estas cosas, y leo las vidas ejemplares de los diversos peregrinos con las cuales los historiadores suelen adorna sus crónicas, me pregunto acerca de toda esa variedad caminera: calzadas, cañadas, caminos reales, romanos o medievales, utilizados por peregrinos, nobles y gente del común, gallofos, clérigos de todo pelaje, arrieros y caminantes y como no, herejes varios, que también se iban a los caminos. Tránsitos que no siempre iban por las vías oficializadas y protegidas, pues en ocasiones era más fácil que a uno le dieran un plato de comida en esos caminos alternativos, sin tanto pedigüeño a la puerta como podía suceder en los caminos más concurridos.

Parece claro, que los nobles querían llegar pronto y a salvo, tanto ellos como sus pertenencias, por lo cual es fácil pensar que pusieran empeño en no distraerse mucho por el Camino, salvo que el juego el vino o la carne los entretuviera en exceso, con lo cual corrían el peligro de quedarse sin un maravedí, que también. Las estas gentes ricas o pudientes podían pagar para que se les llevara por las mejores vías, evidentemente con más servicios, y con más prontitud, como ahora hacen las agencias que te llevan la mochila o te buscan los alojamientos.

Luego estaban todos aquellos que se echaban al camino porque no tenían otra cosa que hacer, salvo la promesa de postrarse ante el santo y cumplir con los viejos mandados y promesas, y es de creer que estos, por lo general no tenían una especial prisa, salvo volver con sus familias. Es de suponer que sus caminos debían ser algo distintos a los que realizaban los primeros, aunque todos entraban en el juego de la oca de caminar en pos de comida y cama, o sea, mirando por la propia existencia. Y no sería extraño que ese camino no fuera tan recto como siempre hemos creído, lo cual tiene poco que ver con la actual insistencia en seguir a modo de rebaño, las famosas marcas amarillas «las valiñas».

Por eso me río cuando se critica a aquellos peregrinos o caminantes-romeros que cogen el autobús, o el tren para quitarse cansancios varios, o aburridas pateadas por asfalto, etc. Me pregunto para mis adentros ¿Qué hacían los viajeros de antaño, alquilando caballerías o carruajes o mercadeando transportes para cruzar zonas o ríos... o mendigando por ser llevado en algún carro ? Pues lo mismo, digamos que cada uno hace su Camino. como le parece preciso, necesario o pertinente.

Dejo todas estas peripatéticas reflexiones sobre el caminar, y sintiendo la solanera que me está cayendo, y el tramo que aún me queda hasta el alojamiento en Ferreira, me refugio en el bar del pueblo de Retorta, para tomarme un refrigerio y seguir camino adelante por Castrelo, rumbo al Burgo de Negral.

Como no llevo guía, ni perro que me ladre, digamos que voy a la buena de dios esperando ver lo que el camino me ofrece, en ese intermedio y con la solana de por medio alcanzo a un extraño peregrino que va desnudo, bueno de medio cuerpo para arriba, eso sí adornado con un cochambroso sombrero de paja, y un enorme retorcijón de palo, que utiliza a modo de bordón.

Le pregunto con insana curiosidad acerca del bordón, y sobre todo, desde cuándo camina con él. Me dice que viene de México, y que el bordón lo lleva desde la etapa de Bilbao. Increíble, Como soy aficionado a ponerle motes al personal, pues de esta forma recuerdo bien quienes son, enseguida lo bauticé con el alias de *Guanajuato,* porque este nuevo compañero, es un estrambótico mexicano estudiante de políticas metido a peregrino.

La verdad es que hacía mucho tiempo que no me reía tanto con un compañero de caminada, sobre todo cuando me contó que en el Monte de la Griega, en Huerres (Colunga), había estado casi que dos horas perdido en un monte, por cierto no más grande que un jardín, aun no entiendo cómo pudo meterse en el camino de los restos paleontológicos de la Playa La Griega, y estar en ese montículo dando vueltas, durante tanto tiempo, lo cierto es que hay gente para todo.

De esta guisa fuimos caminando un buen rato juntos en plena solana, echando lo que se dice, unas risas.

Llegando al destino de Ferreira, me venía sonando algo sobre un albergue que había sido fruto de una interesante reconversión, ya que se trataba de una granja de pollos a un albergue. Esa fue la realidad que me encontré entre charla y charla, pues de aquella manera nos pusimos en un santiamén en la aldea de Ferreira. Pues mi querido compañero a pesar de los casi 30 km de recorrido siguió su camino hasta no sé muy bien a dónde.

Eso sí, antes de llegar Ferreira, nos sentamos a degustar la última lata de foie que me quedaba, lo que acompañamos de unas rodajas de salchichón y buen trozo de chorizo leonés, y a falta de la bota de vino, nos tomamos agua cristalina del regato a cuyo pie nos sentamos.

Al llegar a la altura de la cantina de Ferreira, ya me estaban esperando, no Maki que ya llevaba unas cuantas horas albergado, y había hecho migas con la cocinera de otro albergue, la cual resultó ser asturiana, aunque eso, no fuera horas más tarde garante de nada.

En este albergue de la antigua granja de pollos, estando Maki tomando su caldo lúpulo había hablado de mí a los concurrentes del bar, y como los gallegos no pierden una, pues pronto el gerente del albergue de *A Nave,* que así se llama la trasmutación del local, puso oído fino a lo que mi hermano de sangre decía sobre mis trabajos en pro del turismo y los Caminos.

O sea, que cuando llegué a la altura de la *Cantina de Ferreira* y tras saludar al personal allí aposentado, me encontré recompensado de buenas a primeras con una cerveza de selección, lo que ya me puso en guardia, pues habiendo vivido años en Galicia, ya sabía que algo tendría que dar a cambio de tan oportuna invitación.

Cambiando impresiones y *consejas* en Ferreira

Estamos en Galicia, y el trueque está al orden del día. Tras descansar un rato, el encargado, dueño, o gerente de aquellas instalaciones, un tal José Manuel, me invitó a explayarme sobre las obras que me fue enseñando, fachadas a remodelar, y el gran proyecto de la reconversión de la nave de pollos en albergue.

Quedé impresionado con lo que me contó, y lo primero que le dije acerca de la dignificación de los espacios que me enseñaba para ser convertidos en terraza, fue que debería huir de las baratas sillas de plástico y colocar sillas de madera, así como colocar algún motivo peregrino o jacobeo en las inmediaciones de la nave-albergue, y como no, también remodelar la fea fachada de la cantina, para que esta se viera un poco más agraciada, una pintura mural de corte peregrino podría estar bien, pues la música no era estridente y la atención era excelente, pero un guiño siempre vendría bien, al menos alejarse de la estética rustica de las tabernas de pueblo.

Lo cierto es que la reconversión de la granja, me pareció estupenda e increíble, así como el cuidado y la estética, aunque se me olvidó indicarle, luego lo hice por email, en cuanto a que sería interesante tener en el albergue una muestra fotográfica de la reconversión de granja de gallinas a albergue.

El alojamiento que nosotros teníamos reservado estaba un poco más arriba, pero aquí la cosa cambió, el trato no fue el mismo, y cuando le comenté al hospitalero que había estado con el gerente de los albergues, este me contestó que ese «José Manuel no era ni jefe, ni gerente ni nada...». Mal se empieza, sí alguien pone a parir al compañero de al lado, que igual era su casero, vete a saber, pero viendo la publicidad de los establecimientos creo que se debería guardar esos comentarios para sí, y no exponerlos de esa manera tan clara y abierta, y menos ante recién llegados.

A la hora de la cena, como nosotros traíamos nuestra propia comida nos pusimos a ello, y al ver que se anunciaba una arrozada, creímos que compartir nuestras viandas con uno granos de arroz caliente no hubiera estado mal, por lo cual le pedí un platillo de arroz a la cocinera asturiana, por aquello de amenizar nuestras viandas, por lo que me pedía 20 E, le agradecí el detalle tras la negativa contestación, pues según ella, aquello era parte de una cena comunitaria, y no repartiendo raciones. ¡Oído cocina!

Eso sí, al rato pasó por delante de nosotros para tirar el sobrante de la arrozada, a los perros que teníamos al lado, que por cierto también son criaturas de dios, y tienen derecho a comer como el que más...,aunque ya pasaban de tanta paella.

Menos mal que era paisana, le dije a Maki y que ibais de colegas, ¡Ya le vale! comentó Maki a modo de contestación, y allí dejamos a los susodichos hospitaleros de *Ponte Ferreira*. Estas cosas también se dan en los Caminos.

Mi compañero se enrabieta

Maki, que ya venía de nuevo rumiando su enfadado, me reprochaba a estas altura el tener que esperar por mi persona bastante tiempo, y además como las cosas de este Camino no le estaban saliendo como él esperaba, una vez dejados atrás a los amigos canarios, y le sobrevenía el recuerdo del Camino del 2015, que fue muy intenso, con mucha gente sobre todo después de Ponferrada hasta llegar a Santiago. Pero este viaje no acababa de cuajar, problemas varios y variados, hacían que el camino ya le resultara pesado.

Al filo de la media noche tras una agria discusión, abordé el tema de cómo hacer la etapa siguiente, pues estábamos cerca de Melide y quedarse a comer en dicha villa era complicado, pues Maki no quería comer y salir a caminar, y quedarse a cenar pues era mucho telar, ya que ello significaba quedarse desde el mediodía en Melide.

Solución salomónica, cada uno afrontaría este final de etapa, como bien creyera necesario, o sea que se estaba produciendo un divorcio en todo regla, el cual tendría su duración hasta la conclusión del Camino en Santiago.

La plasmación de esta ruptura se plasmó a la mañana siguiente, tras decirle a Maki que había roncado en exceso, y enrabietado por la discusión de la noche, tal comentario le puso en el disparadero y cogió las de Villadiego, siguiendo camino hasta Compostela.

CAMINO PRIMITIVO. 11ª ETAPA PONTE FERREIRA-RIBADISO

De solanas por el Camino

Estaba claro que la tensión de la convivencia junto con la fatiga de las etapas pasa factura, y como cada uno es como es, lo mejor en estos casos es poner tierra de por medio, afrontando las etapas como vengan. La que tengo por delante no parece que fuera a presentar muchos problemas, más allá de tener por delante una tanda de más de 34 kilómetros con un total de 700 metros de desnivel acumulado.

La duda estaba e cómo repartir los kilómetros de estos últimos tramos. Al quedar tan cerca la villa de Melide de mi punto de partida, el plan pasó, al menos en mi caso, en que tal villa sería el punto de parada para la comida. No es que me hiciera mucha ilusión comer solo, y pasar por este núcleo sin descansar, como viejo peregrino, que siempre ha cumplido con el rito de yantar pulpo en Melide, me parecía como un poco blasfemo no hacerlo en este señalado viaje.

Momentos después de andar un tramo, cuando atravesaba las tierras lucenses de Merlán llegué a otro mítico jalón de la llamada Vereda de los San Salvadores. No reconocí su antigüedad, pero su título de San Salvador, la sencilla iglesia románica, a cuyo pie los parroquianos ha dejado un santo y seña en agradecimiento a su párroco D. Pedro Taboada Garer, cobró otro sentido.

Resulta paradójico. Un antigua fundación salvadoreña, una más, de la cual se ha medio falseado su posición dentro de los hitos salvadoreños, en general muy antiguos, los cuales han quedado marginados por los historiadores de la *peregrinatio.* Incluso un divulgador de lo más nimio, como es Xurde Morán, apenas sí se detiene , como en otras ocasiones en tal edificio, más allá de comentar la existencia de la pequeña iglesia, precisamente dedicada a San Salvador.

Cuando busqué documentación sobre dicho templo, esta me dice que la iglesia es del siglo XII y que posiblemente hubiera, o estuviera sobre una primera fundación del siglo IX, pero eso no parece importa mucho, sí se carece de la explicación complementaria correspondiente. Dice la información que esta iglesia su « vínculo con la órbita jacobea queda patente en una de sus pilas bautismales, identificada con una cruz de Santiago labrada en piedra y correspondiente al siglo XIV». ¡Genial! Se han comido la referencia salvadoreña de un plumazo, y para justificar su importancia y testificar la vocación jacobea del templo, se van al siglo XV.

San Salvador de Merlán, esta rodeado de un fuerte contenido histórico, a su alrededor existen diversos castros, como el de Seixas, luego sobre él se levantó una fortaleza medieval. La propia iglesia fue modificada, de tal forma que su portada renacentista, disimula algunos elementos de la vieja construcción que son: arco de triunfo, la ventana del ábside y la puerta Sur, más otra ventana y los canecillos, los fustes y lo capiteles.

Aquí, en el núcleo de As Seixas, hubo en su tiempo un hospital atendido por monjes de la Orden de San Juan de Jerusalén, se supone que estuvo situado en la llamada *Casa Cardeiro*, pero no tuve manera de saber cuál era dicha casa, pues no había a quien preguntarle, todo estaba cerrado.

Concluyo la visita, y sigo caminando, a la vez que recojo muestras fotográficas de la etnografía de la zona: hórreos, ruedas, puertas y ventanas, incluso lavaderos. Todo me sirve para mostrar destellos de la vida cotidiana gallega, como el monumento que se le dedica a un tal «*Curuxás*» republicano y sindicalista (1905-1967), el cual se halla en la aldea de Toques, que fue su lugar natal.

Resulta realmente extraño encontrarse con este tipo de manifestaciones de orgullo republicano en Galicia. Y me viene a la memoria cierta marginación con respeto a un personaje como Leiras Pulpeiro en Mondoñedo, por ejemplo, de este personaje se obvian algunas membresías, como la masónica, en por de ensalzarlo como probado republicano.[21]

Andando, *pasiño a pasiño*, llego a Melide, donde la guía *Consumer* nos dice: «Capital del Concello del mismo nombre, formado por 26 parroquias y situado en el centro geográfico de Galicia, en la vertiente occidental de la sierra de Careón. De origen prerromano, parece ser que fue repoblado por orden del arzobispo Xelmírez. De la iglesia románica de San Pedro, trasladada hoy al Campo de San Roque y conocida como capilla de San Roque, no se conserva más que la portada. Aquí también se encuentra el cruceiro del siglo XIV que está considerado como el más antiguo de Galicia.

Por el lugar donde los peregrinos de la ruta primitiva hacían su entrada se alzó el Monasterio-Hospital de *Sancti Spiritus*, que ahora acoge el Museo Terra de Melide, un lugar, como reza la página institucional, construido por el pueblo y para el pueblo. El pulpo, cocido y con aceite de oliva, sal y pimentón, es la mejor carta de presentación de Melide. También destaca la repostería tradicional, con dulces como el conocido "*rico*" y los deliciosos melindres».

---

[21] https://victorguerra.blogspot.com/2007/10/al-hermano-leiras-pulpeiro-un-da-de.html?q=Leiras

Está claro, que los historiadores han cambiado la historia, del afluente caminero he desembocado en el río madre o padre de la *peregrinatio,* que representa Melide, cuando debería ser al revés, el origen viene de la mano de Oviedo.

Pero no se puede obviar, fuera como fuera, que Melide constituye una de las principales encrucijadas de los Caminos peregrinos más importantes. Aquí confluyen el Camino Francés y el Camino Primitivo, y por los pelos, no lo hace el Camino del Norte, que se va a Arzúa.

En todo caso, la importancia de Melide explica, solo en parte, la riada de adolescentes que componen lo más diversos grupos perteneciente, de las distintas asociaciones de corte católico, que han coincidió con nuestra llegada, los cuales a la hora de la comida pululan por el pueblo, mientras sus cuidadores se dan al festín pulpeiro en el *Ezequiel* o el *Garnacha,* que es lo típico.

Lo cierto es que llego a buena hora para dar cuenta del mítico pulpo, y la duda es sí lo hago en el en uno de los dos citados. Como iba solo, al final opté por visitar a mi paisano de Pola de Lena (Ezequiel) y allí me dispuse en bancada corrida ante una buena ración y media de pulpo, y una buena botella de ribeiro, más otra media ración de pimientos de padrón, y ya al completo, no queda otra que darle a la muela.

Tras la culminación del trasiego gastronómico, me fui a darme un baño de humanidad peregrina continuando con mi individual *peregrinatio* sin destino fijo. El tránsito por el Camino me iría dando las pautas, pues no soy de aquellos que lo lleve todo prefijado. De ahí que en mi mochila siempre tenga algo para saciar la sed y el hambre: chorizo, salchichón y queso, y donde no ha de faltar para la dormida al raso, el saco de dormir, la funda de vivac y la esterilla, lo demás casi que es secundario.

Ahora mi nuevo compañero de caminada no es la soledad, muy al contrario, voy acompañado por cientos de jóvenes, en general muy atentos con mi persona, y un tanto intrigados por un solitario peregrino como era mi caso. Durante el tránsito que compartimos, les fui contando parte de mis cuitas a los escolares peregrinos que me escoltaron hasta Ponte da Penas, donde nos sentamos un rato, y me las arreglé para sacar agua de los manantiales, pues la mayoría de las fuentes están cerradas al uso por no tener garantía sanitaria.

Los chavales al poco se fueron hacia su albergue, y yo seguí andando, hasta un albergue que siempre me gustó, y que en esta ocasión tenía plazas libres, como es el de Ribadiso. Un buen alojamiento de la Xunta, situado al par del río Iso, donde chapuceé todo lo que pude para quitar el polvo y el cansancio del camino. En ello estaba cuando por allí pasaba el amigo *Guanajuato* el cual se dio un chapuzón, y tras la manduca prosiguió su camino, sin tener todavía claro hasta dónde llegaría su etapa.

La ruta de hoy quedó establecida en 37,8 km y 725 metros de desnivel

CAMINO PRIMITIVO | 12 Y 13ª ETAPA, RIBADISO- MONTE DO GOZO

Final del camino de Compostela

Estoy llegando al final del Camino, y es como si me entrara una especie de miedo escénico, digamos que no me subyuga nada llegar a la Catedral de Santiago, tal y como está envuelta de obras, y blindada por los temas de seguridad, colas, cacheos, etc.

Casi que me daba vuelta ya mismo, eso decía para mis adentros, pero no era esto lo que me asustaba, aunque ya lo había hecho alguna que otra vez, llegar al Monte do Gozo, y tras disfrutar de los momentos en soledad en medio de la humanidad peregrina que allí se conjunta, dar media vuelta y enfrentarme con el regreso a casa.

El retorno es duro, pero a la vez es una sensación única. Una aventura llena de intensidad donde uno se enfrenta a sus propios miedos. Aquí ya no hay compañeros en esa vuelta, en los albergues eres un total desconocido, ya no hay señales que te indiquen acertadamente el Camino, etc.

En esta ocasión sería algo más conformista, pues había quedado con Maki a media mañana en la Plaza de Obradoiro.

De Ribadiso, a la mañana siguiente salí en medio de las nieblas y la soledad, pues ya el personal había madrugado de madre, mientras yo me había quedado, como casi siempre, de los últimos saboreando la infusión y el bizcocho que tenía por desayuno.

Sé que Arzúa estaba un poco más delante, y en dicha villa podría saciarme bien, pero preferí seguir adelante pues tenía la duda de sí quedarme en Pedrouzo. Aunque Arzúa me parecía interesante por la multiplicidad de los perfiles peregrinos a observar, entre ellos los llamados *turigrinos,* en suma, un amplio rebaño sin pastor, que siempre me gusta contemplar y observar como hacen los entomólogos con sus bichos.

De Pregontoño a Peroxa, y de ahí A Calzada, trazado que atraviesa por un lateral el Monte do Roto, camino de Lengüelle. De esta forma fui ligando aldeas y caminos ya conocidos de otros tránsitos, del Camino Francés, del Camino de las Reliquias, del Camino del Norte, y ahora el Camino Primitivo, todos terminan convergiendo en este eje final. Lo cierto, es que van, unos cuantos caminos y unos cuantos retornos. Cuando quise darme cuenta, ya era medio día, y estaba en Pedrouzo.

El día se abrió con niebla, y hasta amenazaba con llover, a eso de la taurina hora de la siesta, el sol era de justicia. Por lo general en lo referente al agua, no suelo llevar nunca, salvo una taza metálica para ir cogiendo agua, pero dada la sequía de mil demonios que nos asola, no hay manera de echar el cazo en ningún sitio. Todo está seco o baldío, o sea que para el próximo viaje habrá que empezar a llevar cantimplora o un bolsa de agua en la mochila.

La solanera debió afectarme a la cabeza, pues en vez de salir por el trazado señalizado me fui por la carretera adelante, y cuando quise darme cuenta ya era tarde. Digamos que pasé de dar la vuelta, aunque el sol por asfalto es matador, pues no en vano transitaba por el arcén de la Nª-634 A.

En ello estaba cuando una buena moza, desde la ventana del edificio de enfrente me invitó a saciar sed con un vaso de agua, y calmar por un módico precio también los demonios de la carne, viendo a donde me invitaba y lo que me enseñaba desde la ventana. Temiendo lo peor sí seguía la corriente a la *damisela* , le di gentilmente las gracias a la susodicha y seguí camino adelante, para tomar el apetecido vaso de agua en un lugar más tranquilo, como fue la cantina de camping, sito en la parroquia de Bando.

Un par de revueltas más y di cumplidos los 38 km, cuando aterricé en Monte de Gozo, y me senté a contemplar la gran caterva de peregrinos que había, lo cierto es que puedo estar horas en ese embelesamiento, pero había que buscar el albergue de la Xunta, pues el presupuesto escaseaba y me apetecía entrar a la mañana siguiente de forma tranquila en Compostela.

En esas estaba cuando me salió al paso una pareja de peregrinos franceses, con los cuales me había cruzado con ellos un par de veces. Estos me indicaban que fuera con ellos hacia otro albergue, uno que había un poco allá. Me llevaron, como quien dice de la mano, hasta una impresionante iglesia por cuyo lateral se accedía a unas instalaciones, para mi inéditas, dentro del gran complejo del Monte del Gozo. Dichas instalaciones las gestiona una organización de católicos polacos, y en cuyo seno fui acogido por una inmensa hospitalera polaca, cuyo nombre creo que algo así como Liskataya.

Allí estuve alojado dos días gratis, eso sí, a cambio de ordenar el gran ropero y de elementos varios, para hacer un envío a las entidades caritativas con las que trabajaban, Concluida la tarea me despedí de la querida hospitalera polaca.

En estas grandes instalaciones, compuesta por grandes comedores y cocinas, servían ahora para que los autobuses que subían o bajaban desde Lourdes y Fátima, hicieran allí las diferentes paradas para las comida, meriendas o cenas.

El resto de las instalaciones, en lo respectivo al albergue, este se realizaba en unos pequeños chalés, utilizados por lo general por peregrinos extranjeros, eran parte de la explicación de mi labor de ordenación. Puesto que estos cuando regresaban a casa, para no pagar en los aviones de retorno por las mochilas y la ropa usada, dejaban todo ello, en dichas instalaciones donde previamente habrían enviado su maleta de turistas. Allí estuve con la hospedera polaca, mano a mano, seleccionando ropas, mochilas, pomadas, medicamentos, aceites esenciales, champús , cosméticos..., todo ello a cientos.

En la despedida, la polaca me levantó medio metro del suelo, y me estampó un beso y un abrazo de esos, de carretero. Me fui feliz, sin volver la vista atrás con el cariño y el sentimiento que te embarga cuando andas kilómetros y kilómetros de solanas, y de repente te encuentras con estas situaciones tan fraternales. Es lo que tiene el Camino.

Un tanto triste bajé de Monte de Gozo, entrando Santiago, de la forma acostumbradas, sin prisas. Primero viendo todo lo que acontece por el barrio de San Lázaro, que cada vez me gusta más, luego, parando en la churrería *Metate,* donde me despacho un espeso chocolate con churros, luego sigo a lo mío, un poco más allá en la frutería que hay cerca, unas frutas, en este caso fueron cerezas, que voy consumiendo por el camino, a la vez que voy contemplando las pocas platerías y azabacherías, que quedan por el lugar, sin dejar de echarles un ojo a las novedades que ofrece la ciudad.

Unas peregrinas extranjeras me detienen, y me solicitan hacerse una foto conmigo, pues les hace gracia mi indumentaria, les llama la atención que no vaya en pantalón corto, o que mi ropa no lleve anuncios, pues llevo tan solo un pantalón pirata dejando media pierna al aire, un forro polar y un sombrero *vaqueiro* negro y anchos vuelos, lo cual les despierta la curiosidad acerca de sus procedencia u origen. Tras las fotos, nos despedimos pronto y rápido pues me incomoda constituirme, aunque solo sea por unos minutos en un *Zapatones,* o en alguno de esos nuevo *influencer*, tan de moda en estos últimos tiempos

En esta ocasión, no tengo mucho tiempo para visitar ni la catedral, ni dar gracias al Santo, pues debo hacer cola para recoger la *Compostela,* que certifica mi paso a Santiago por el Camino Primitivo. Un papelajo en castellano, y otro en latín, que expone que *Victorium Guerra* ha cumplido con las diligencias del Camino. Aunque en realidad Víctor viene del latín tal como se escribe.

Ya en la plaza de Obradoiro, me encuentro con Maki, nos damos un abrazo, pues ambos somos un tanto *asperger,* y como tal nos tratamos, el uno para con el otro. Cumplimos con el rito de las clásicas fotos y concluida la tarea, no hay saltos, ni gritos, simplemente el viaje ha concluido.

Por tanto, Maki propone que nos quedemos un día más para visitar la catedral y seguir hacia Finisterre, pero por esta vez no claudico, pues dados los protocolos de seguridad doy por saludado y abrazado al Santo, y lo de Finisterre pues complica, pues estaba apalabrado hacer la vuelta en coche esa misma tarde.

El refrigerio antes de irnos, lo realizamos en el local de siempre, uno de esos, que ya casi que no quedan en Santiago, el *Bar O´46*, pulpo, oreja, unos mejillones un poco de queso de tetilla, un par de jarras de vino blanco; y con la misma regresamos a nuestra querida tierra de origen.

No, como yo quisiera, o sea andando, sino en el coche de un buen amigo como es Juan Moreno, que tuvo la gentileza de llevarnos en un santiamén de nuevo hasta la casa materna, allá en Tremañes (Gijón). Eso sí, con la nostalgia colgada de la mochila, y el deseo de volver a los Caminos, y en concreto volver a este con mucho más conocimiento.

¡Que así sea!

Victor Guerra

Este libro se terminó de componer
en las colecciones de la editorial
SAPERE AUDE
el día 2 de febrero
del año 2024.

Made in the USA
Monee, IL
13 September 2026

62988805R00090